La Machine à trahir

ARNAUD MONTEBOURG

LA MACHINE À TRAHIR

Rapport sur le délabrement de nos institutions

DENOËL
IMPACTS

Ouvrage publié sous la direction
de Guy Birenbaum

9, rue du Cherche-Midi, 75006 Paris
ISBN : 2.207.2511.X
B 25111.4

À mon père, Michel, qui savait mieux
que d'autres ce que veut dire le mot juste

La machine à trahir

« Les hérésies n'ont jamais été que des opinions particulières, puisqu'elles ont commencé par cinq ou six hommes. »

Bossuet, *Avertissement aux protestants*

Vous qui n'attendez rien de vos dirigeants, qui pratiquez l'abstinence électorale, peut-être à jamais retirés de l'isoloir, lisez ce petit livre, il vous en coûtera seulement un peu de patience.

Vous qui craignez le pouvoir comme la peste, le croyez dangereux, inutile ou, pire, imbécile. Vous qui êtes parfois envahis par la mélancolie, qui croyez avoir perdu vos héros ou avez jeté la politique à terre comme on tire la nappe avec la soupière, ne vous en prenez pas aux hommes. Ils nous ressemblent. Il en est d'honnêtes et de malhonnêtes, des capables et des incapables, des cyniques et des sincères.

Ne leur jetez pas la pierre, ils se sont laissé piéger dans les filets narcotiques et dangereux de cette République, la cinquième du nom. Son inspiration, son esprit, sa lettre et sa pratique sont résolument étrangers à l'idée concrète et quotidienne que chacun d'entre nous se fait de la Démocratie.

Car il existe dans ce pays des hommes et des femmes qui veulent représenter la Nation, agir sur l'état de la société, passionnément, la changer et la réformer avec rage, déplacer les lignes, millimètre après millimètre. Pourtant, les institutions les en empêchent ou les contraignent à de grands abaissements.

Quelles sont donc ces règles suprêmes, sacrées comme des vaches indiennes, issues d'un autre âge, qui brutalisent si curieusement la volonté souveraine, et frustrent par je ne sais quelle douce violence notre désir infini d'enchanter le monde et d'en réformer le cours ?

Vous trouverez dans cet opuscule de quoi vous édifier et de quoi, cher citoyen, vous préparer à poser sur ces institutions le fer rouge, brûlant et douloureux, de la réforme.

Il faut maintenant s'attaquer à cette question pour donner de la force et du moral aux prochaines générations qui se présenteront demain aux portes des isoloirs.

Un devoir d'inventaire

Une pierre
deux maisons
trois ruines
quatre fossoyeurs
un jardin
des fleurs
un raton laveur.

Jacques Prévert, *Inventaire*

Un inventaire, c'est toujours un moment délicat de vérité. À la succession du défunt, le notaire, qui procède à l'inventaire des biens et des dettes, lit le testament dont il déchire l'enveloppe et regarde sous ses lunettes le visage des héritiers. C'est généralement là que débutent les empoignades.

Lionel Jospin a voulu être ce notaire, ouvrant les enveloppes testamentaires du mitterrandisme. Il a tracé au tableau noir les deux colonnes successorales : l'actif et le passif.

L'actif, on le connaît. On pourrait le résumer dans cette phrase, tarabiscotée, que François Mitterrand avait lui-même murmurée à Pierre Mendès France, les larmes aux yeux, donnant l'accolade à son hôte le jour pluvieux de son investiture de 1981 : « C'est la justification de tant d'années dont vous avez été l'initiateur. Sans vous, rien n'eût été possible [1]. »

Sans François Mitterrand, rien n'eût été possible, évidemment.

Il reste le passif. On n'ose pas en égrener les rubriques tant elles blesseraient des héritiers légitimes qu'on ne veut pas, par élégance, délicatesse ou amitié, froisser. Mais la colonne passif est désormais ouverte, et il nous faudra le courage, même laborieux, d'y aligner les déceptions, les échecs, les regrets et tous les désespoirs additionnés.

Car ceux qui avaient tant espéré de la défaite d'une droite abusive ont été ramenés à leur désespoir, exaspérés de voir la gauche se comporter à plus d'un titre comme ceux qu'elle avait âprement combattus.

Il suffit d'observer les similitudes dans les excès de pouvoir et dans les pratiques peu républicaines : atteintes aux libertés publiques, manipulations répétées de la justice, coups de poêle à frire sur la tête des parlementaires, clientélisme dans les comportements locaux, accumulation des mandats et des titres, mise en examen portée comme une Légion d'honneur, diplomatie secrète trempée dans l'affairisme...

C'est aussi durant ces années sombres que la même gauche se mit à fréquenter l'argent et à apprendre par cœur les recettes économiques du *Wall Street Journal*. Elle devint pionnière, voire avant-gardiste, dans la déréglementation financière, et enterra Pierre Bérégovoy au

1. François Stasse, *La Morale de l'histoire, Mitterrand-Mendès*, Seuil, coll. Épreuve des faits, 1994.

son des éloges du *Frankfurter Allgemeine Zeitung* et du *New York Times.*

Oser dire que la mondialisation financière était un fait contre lequel il était impossible de lutter revint à théoriser l'abandon par une génération politique tout entière de ce combat contre la cruauté des marchés. Marchés impitoyables qui ont jeté dans le malheur tant d'ouvriers, d'employés, de paysans, lesquels n'eurent en France que les urnes pour résister, comme ces paysans mexicains du temps d'Emiliano Zapata qui n'avaient pour survivre que le fusil et la prière.

Et Régis Debray, alors extra-lucide, eut raison dans sa dernière lettre à Béré [1] de pointer la souffrance qu'avait dû endurer ce fils d'immigrés russes, ancien ouvrier lui-même, impliqué dans des amitiés contestables, qui se laissa « éblouir par le beau monde, l'or et le panache de l'or ». Pourtant c'était bien Pierre Bérégovoy qui avait ouvert sans contrainte la voie à la mondialisation financière, irrésistible courant contre lequel nous travaillons aujourd'hui à la rame, comme des galériens aux mains nues.

La sinistre coïncidence entre ce suicide tragique au bord d'un canal, le 1er mai 1993, et le suicide politique de la gauche appartient aux évidences douloureuses qu'il faut malheureusement rappeler.

Peu à peu et presque insensiblement, ces pratiques et ces abandons successifs ont été présentés par leurs auteurs comme des fatalités congénitales à l'exercice du pouvoir, qu'aucun mouvement issu des urnes ne pourrait jamais contredire ou empêcher.

1. Régis Debray, *Encore un mot, cher Béré*, Arléa, 1993.

C'était, disait-on dans le langage de ce temps-là, le mal nécessaire à l'action publique. Accommodez-vous-en, et plutôt que de regarder la forme, les moyens et la procédure, regardez donc le fond, vous les moralistes et les pinailleurs, regardez le résultat et les réalisations ! Et vous jugerez !

Ce fut vite jugé. La gauche et la droite se ressemblaient. Les électeurs se sont mis en vacances. Certains ont déserté les urnes du dimanche ; d'autres ont essayé, pour rire, l'extrême gauche ou, par ignorance, l'extrême droite ; d'autres ont fait plus d'enfants qu'ils ne l'auraient pensé ou se sont mis à gagner plus sérieusement leur vie qu'auparavant.

Faut-il enfin revenir une dernière fois sur les curieuses relations personnelles d'un président de la République que nous aurons finalement davantage abandonné de son vivant qu'il ne nous aura quittés à sa mort ?

L'aventure personnelle de nombre de militants, sympathisants, amoureux de l'idéal socialiste s'arrêta le jour de la publication de la photographie, prise à Latché, de l'ancien chef de la police de Vichy René Bousquet, en compagnie conversationnelle de François et Danièle Mitterrand [1]. Certes, il y avait eu des actes politiques suspects : attitude ambiguë au sujet du maréchal Pétain et fleurissement de sa tombe, recherche obsessionnelle de la « paix civile » sur une période qui appelait d'abord la reconnaissance des souffrances des victimes, et refus de reconnaître la responsabilité de la France dans la Collaboration.

1. Pascale Froment, *René Bousquet*, Stock, coll. Au vif, 1994. Pierre Pean, *Une jeunesse française : François Mitterrand, 1934-1947*, Fayard, 1994.

Pire, le procès de l'assassin de René Bousquet, ancien chef de la police de Vichy, permit de relever des indices sérieux de la défaillance de l'institution judiciaire. Un début d'enquête informelle montra que des magistrats avaient travaillé, au plus haut niveau de la chancellerie et de l'État, sur les moyens juridiques de fonder une décision ne remettant pas en cause l'arrêt de la Haute Cour de justice qui avait tellement ménagé, à tort, Bousquet en 1949.

Comment tous ceux qui ont levé tant de roses au ciel, mis les mains dans la colle des affiches de François Mitterrand, qui ont milité plus de quinze ans, sans avoir jamais eu ni de responsabilité ni de mandat, comment tous ceux qui n'avaient alors donné que leur engagement et leur dévouement n'auraient-ils pas eu alors le droit d'inventaire ?

Aujourd'hui, les hommes et les femmes engagés dans l'action politique sont suspectés, dans chacun de leurs actes, de mentir ou de s'enrichir, de rechercher leur intérêt personnel plutôt que l'utilité collective, de se servir plutôt que de servir.

Ce sont là les dégâts concrets du mitterrandisme, contre lesquels nous luttons chaque jour, et que le notaire devra bien mettre à l'inventaire dans la colonne de gauche au passif.

Il faudra accepter avec sang-froid et humilité cette triste mais curative vérité. Elle nous donnera la force de poursuivre l'œuvre que les millions d'électeurs nous ont confiée, avec vigilance et exigence.

Voilà pourquoi il était grand temps que Lionel Jospin reprît, en 1997, la tradition autocritique de la gauche, et acceptât d'évoquer avec franchise notre relation passionnelle et distanciée avec le pouvoir, faite à la fois d'espoirs fabuleux et de méfiance, de crainte, de haine.

Il nous faudra nous souvenir de cette triste période, ne pas oublier ces petits arrangements avec les principes qui ont précipité le camp de la réforme en enfer. Ce livre a pour objet d'entretenir cette sensation désagréable afin qu'il en soit tiré de justes leçons pour l'avenir.

Il faut toujours se prémunir contre les risques de recommencement de la même histoire. Porté par un idéal trahi, le mitterrandisme, pour aller droit à ses échecs, a pris appui sur la machine institutionnelle avec laquelle nous travaillons encore, et qui pourrait encore produire les mêmes méfaits : une machine à trahir.

Ce livre veut proposer la recherche d'un examen critique permanent de l'exercice du pouvoir, de ses pratiques et de ses échecs qu'il faut toujours savoir comparer aux espoirs portés comme la lumière sur l'ombre.

C'est là notre devoir d'en faire l'inventaire permanent. C'est, plus que le droit, un devoir d'inventaire.

Ce coup d'État de tous les jours

C'est ce Roi qu'il nous faut,
C'est la meilleure des Républiques.

La Fayette

Les dérives de ces quinze dernières années trouvent leur origine dans le ralliement de la gauche à une Vᵉ République dont les institutions portent en elles une indéniable force monarchique.

Lorsque le peuple de laboureurs et d'avocats en tricornes noirs s'est trouvé rassemblé ce mois de juin 1789 aux états généraux de Versailles devant les lourdes tentures, les symboles, les armes et les petits signes de mépris de la monarchie, il força la porte en masse pour y installer « par la force des baïonnettes » les droits des citoyens et y faire germer la première république, grande naïve mais prodigieuse conquête.

Pourtant, au fil du temps, la monarchie s'est réinstallée dans les fauteuils moelleux de la république. L'intrusion de la famille Bonaparte dans l'histoire de notre pays n'y est pas pour rien. Ils y ont laissé l'empreinte de leur tradition corse : un sens prononcé de l'autoritarisme, le refus obstiné des contre-pouvoirs, l'accoutumance aux abus d'autorité, l'omniprésence policière, l'indifférence à l'État de droit et à des juges indépendants pour le garantir.

Le gaullisme « domestique » – pas celui illustre et extraordinaire du 18 juin 1940, mais celui du 13 mai 1958, fondateur de nos institutions – a repris à son compte, sous une forme moderne, cette tradition-là. Pierre Mendès France, à la tribune de l'Assemblée nationale, concluait ainsi son discours du 1er juin 1958 : « Quoi qu'il en coûte aux sentiments que j'éprouve pour la personne et pour le passé du général de Gaulle, je ne voterai pas en faveur de son investiture ; il n'en sera ni surpris ni offensé. Je ne puis admettre de donner un vote contraint par l'insurrection et la menace d'un coup de force militaire. Car la décision que l'Assemblée va prendre – chacun ici le sait – n'est pas une décision libre, le consentement que l'on va donner est vicié. »

François Mitterrand, qui n'était pas encore tout à fait socialiste en 1964, écrivait alors à juste titre : « Car qu'est-ce que le gaullisme depuis qu'issu de l'insurrection il s'est emparé de la Nation ? Un coup d'État de tous les jours. La Constitution, ce chiffon de papier qui porte la signature de dix-huit millions de Français, de quelle main impatiente le général de Gaulle n'arrêtera-t-il pas de la froisser. D'abord il s'emparera corps et biens du pouvoir exécutif et réduira le gouvernement à la fonction d'un agent subalterne. Ensuite il isolera le Parlement dans un ghetto d'interdits, il lui ôtera les trois quarts de sa compétence législative, il lui arrachera la quasi-totalité de sa compétence constitutionnelle et, pour achever l'ouvrage, il le livrera aux risées d'une propagande totalitaire en faisant moquer ses sursauts impuissants. Enfin il se débarrassera des derniers contrôles importuns qui risquaient de gêner sa marche vers l'absolutisme : Conseil constitutionnel qu'une poignée d'avoine fera rentrer à l'écurie; Conseil d'État qu'on musellera; magistrature qu'on évincera. Alors ne restera debout, face au peuple abusé, qu'un monarque entouré de ses corps domestiques : nous en sommes là. »

Nous en étions donc là en 1981. Le ralliement théorique et pratique à de telles institutions, méthodiquement organisé par François Mitterrand, l'abandon de toute critique institutionnelle entre 1981 et 1995, aussi bien dans le langage que dans l'action présidentiels, ont mis en pièces la crédibilité réformatrice de la gauche. Ils ont renvoyé pour longtemps la sincérité mendésiste dans les fossés d'une naïveté d'où l'on ne sort jamais.

En 1993, renvoyée des palais ministériels, la gauche n'a pas accru les pouvoirs du Parlement. Elle n'a pas accepté d'installer une autorité judiciaire forte et indépendante. Elle n'a pas rompu avec les atteintes à l'État de droit. Elle a fait voter, à force d'intimidation sur ses parlementaires, une loi d'amnistie. Elle a reconstitué une diplomatie secrète en dehors de tout contrôle parlementaire.

Ce que la gauche dans l'opposition – celle insolente, mais juste, du *Coup d'État permanent* – dénonçait et proposait de réformer, c'est précisément ce que la gauche de gouvernement – pourtant la même – n'a pas transformé. Et c'est cela qui est devenu aujourd'hui le point d'impuissance, la marque de l'obsessionnel échec de la réforme de nos institutions.

Les plus importantes des propositions enterrées pendant ces années de pouvoir concernent précisément les modes d'exercice de ce pouvoir.

La gauche avait pourtant repris à son compte la critique si républicaine, si sociale, si intelligente, de la fusion dangereuse des pouvoirs dont le général de Gaulle s'était fait une spécialité : « Il n'y a aucune autorité ni ministérielle, ni civile, ni militaire, ni judiciaire qui ne puisse être conférée ou maintenue que par le président de la République », annonçait en 1958 celui qui disait ne pas vouloir entamer une carrière de dictateur à soixante-sept ans.

Le gouvernement, sans faculté délibérative, qui s'incline respectueusement devant le caprice suprême. L'armée qui répond aux seules impulsions et aux seuls intérêts présidentiels, attribut indémodable de tous les proconsulats et césarismes. Quid du Parlement ? Une quantité d'hommes négligeables, petit peuple de godillots et de brodequins qu'on fera marcher au pas. Quant aux juges, on fait leur carrière, on les met dans des postes, on leur offre des titres et décorations, ils sauront se tenir. Voilà l'histoire. On connaît la pratique invariable qui en est résultée depuis, quels que soient les majorités et les gouvernements. Tous les pouvoirs ne procédant que d'un seul, ils ne sauraient être que délégués. Ils peuvent être à tout moment repris en main.

C'est à cette époque qu'on inventa, sans aucune justification juridique ni fondement textuel, le très sérieux « domaine réservé ». Ce domaine est une sorte de jardin public sur la grille duquel l'Élysée a fait inscrire « propriété personnelle et privée du président de la République, défense d'entrer ». De très nombreuses activités de l'État relevant de la diplomatie de la défense ont ainsi pu rester secrètes pour les représentants de la Nation et la Nation tout entière, plus de deux cents ans après la Révolution française.

Le Parlement, tenu par les gaullistes pour une vieille chèvre bêlante, a gardé aujourd'hui les stigmates de sa persécution originelle. Il ne pourra s'occuper que de ce qu'on voudra bien lui confier, sans pouvoir s'intéresser à d'autres affaires que les siennes.

La conséquence en est aujourd'hui l'absence totale de contrôle parlementaire sur les dépenses publiques, sur l'utilisation à bon escient de l'emploi public, des deniers publics et des services publics. Les contribuables paient aujourd'hui très cher cette Constitution qui fit du Parlement un nain manchot face aux gigantesques bras armés de l'administration.

Faut-il s'épargner la liste des incommensurables dérives d'un appareil judiciaire aux ordres du pouvoir exécutif et des gouvernements successifs ? L'histoire de la justice en France, c'est l'histoire de l'arbitraire, impitoyable pour les citoyens, mais soumis aux intérêts de ceux que la puissance politique a décidé d'envelopper de sa protection paternelle.

La formule qu'il faut s'employer à rendre célèbre est celle du garde des Sceaux gaulliste, Albin Chalandon, qui avait si bien su se servir des merveilleux instruments de la chirurgie judiciaire : « Il faudra bien un jour que la fonction de garde des Sceaux ne se résume pas pour la classe politique à cette capacité de sortir d'ennui ses amis et d'y plonger ses ennemis. »

Cette phrase pleine de vérité décline, dans le style plus brutal et un tantinet néo-bonapartiste des barons pompidoliens, ces vers éternels des *Animaux malades de la peste :*

Selon que vous serez puissant ou misérable,
Les jugements de cour vous rendront blanc ou noir [1].

Ce n'est malheureusement pas une fable, mais le legs de ces institutions jamais contrariées par ceux qui devaient les réformer.

De telles pratiques de détournement du cours de la justice ont des conséquences connues de nos concitoyens.

La classe dirigeante, élective, politique, économique, peut-être sociale, a cru en son impunité, garantie d'airain, pour se lancer dans les affaires, le trafic d'influence, le conflit d'intérêts, la vente en pièces détachées et à l'encan de parcelles de la puissance publique, voire les emplois fictifs.

Le refus de remettre en cause ces institutions sans contre-pouvoirs a de lourdes conséquences. Additionnez-les, vous obtenez les raisons de la désespérance électorale du peuple de France, qui pourtant ne demande qu'à retrouver sa croyance et redonner sa confiance.

C'est ici qu'il faudra reprendre l'étendard tombé à terre il y a vingt ans, réchappé de la mitraille de ces combats qui n'eurent jamais lieu.

C'est à nous de faire ce que nos aînés n'ont pas voulu faire, pas eu la force et le courage de faire, ou plutôt pris l'habitude de ne pas trouver ce courage qui a tant manqué

1. *Les Animaux malades de la peste*, in *Fables*, Jean de La Fontaine, Livre de Poche 1992.

La République retrouvée

> « Ce que veut le public, c'est l'affirmation que ce à quoi on s'engage sera tenu, c'est qu'il n'y aura pas de résolution dans laquelle on reculera, pas de sacrifice devant lequel on reculera, pour tenir l'engagement qu'on aura pris. »
>
> Léon Blum, 1934.

Nos ancêtres du peuple de France ont fait la Révolution – nombreux y ont trouvé la mort – pour imposer au pouvoir absolu de l'ancienne monarchie des hommes à eux, des députés qu'ils contrôlent, qu'ils élisent et révoquent. Des hommes, et aujourd'hui des femmes, qu'ils aiment ou non, mais qu'ils ont sous la main. Ils peuvent connaître ces hommes et les toucher s'ils le veulent. Les questionner et finalement leur donner ou leur refuser leur vote.

Voilà tout ce que possède le bon citoyen de la République française, dans l'extrême dénuement de sa souveraineté personnelle. A-t-il d'autres prises possibles sur des décisions nationales qui rejailliront sur sa vie, d'autres moyens de contrôle que ceux dont il dispose sur son représentant – député aux états généraux modernes, petit député porteur de son pauvre cahier de doléances ?

Pourtant, le citoyen n'en fait guère usage. Il ne croit plus à cette simplicité mystique des origines de la République, parce que l'Histoire a utilisé toutes les méthodes pour réduire la force et le poids encombrants des citoyens dans les institutions.

On chercha d'abord à les faire élire par d'autres qu'eux-mêmes. Le suffrage censitaire, réservé à une petite ploutocratie, bourgeoise et peu nombreuse, fut l'œuvre grossière et provocante du siècle précédent.

Lamartine, le poète républicain, a tout résumé de cette affaire, au balcon de l'Hôtel de Ville de Paris, un jour d'insurrection de 1848 : « Et, quoi ! Citoyens, si l'on vous avait dit, il y a trois jours, que vous auriez renversé le trône, détruit l'oligarchie, obtenu le suffrage universel au nom du titre d'homme, conquis tous les droits du citoyen, fondé enfin la République ! Et quelle République. Non plus une république comme celle de la Grèce ou de Rome, renfermant des aristocrates et des plébéiens, des maîtres et des esclaves ! Non pas une république comme les républiques aristocratiques des temps modernes renfermant des citoyens et des prolétaires, des grands et des petits devant la loi, un peuple et un patriciat ! Mais une république égalitaire où il n'y a plus ni aristocratie ni oligarchie, ni grands ni petits, ni patriciens ni plébéiens, ni maîtres ni ilotes devant la loi, où il n'y a qu'un seul peuple composé de l'universalité des citoyens, et où le droit et le pouvoir public ne se composent que du droit et du vote de chaque individu, venant se résumer en un seul pouvoir collectif appelé le gouvernement de la République et retournant en lois, en institutions populaires, en bienfaits à ce peuple d'où il est émané [1] ? »

Plus personne n'aime paraît-il aujourd'hui la poésie de Lamartine. Lyrisme ridicule, romantisme poussiéreux, niaiserie des origines.

Pourtant, cette République, qui n'aurait pas dû changer, provoquait la ferveur et l'amour des institutions chez les citoyens neufs de cette époque. Les égoutiers, les porteurs d'eau, les ouvriers faisaient la queue aux portes des ministères où ils venaient apporter leurs offrandes généreuses à cette République si chèrement acquise parce qu'elle était la leur.

Qui aujourd'hui apporte des offrandes à la République et à ceux qui la servent ? Le suffrage est pourtant devenu universel depuis cent cinquante ans, mais les citoyens savent à quel point s'est réduit le poids de leurs représentants directs dans la République.

On essaya bien des méthodes pour se débarrasser de ce peuple capricieux, prétendument immature, qui aurait envahi de ses mauvaises manières les institutions. Notre actuelle Constitution, dans son œuvre magistrale et scandaleuse, est la forme moderne de cette réduction. Avec elle, vous élisez, mais vous ne gouvernerez pas à travers ceux que vous élisez. Vous croyez être le souverain ? Que nenni ! D'autres se chargeront de décider.

La démocratie représentative dans sa forme actuelle fait disparaître la représentation des citoyens. Elle leur supprime jusqu'à l'espoir de peser, par la personne interposée de leur représentant, sur des décisions qui touchent leur vie et leur destin.

1. Renée David, *Alphonse de Lamartine, La politique et l'histoire,* Imprimerie nationale, 1993.

Il est désormais naturel et courant de se faire élire sur un programme et d'en mettre en œuvre un autre. Le gouvernement engage sa confiance devant les représentants de la Nation rassemblés sur une orientation politique à valeur contractuelle, contre laquelle, ensuite, il arrache, improvise ou confirme sa majorité parlementaire.

Mieux vaut éplucher avec le sourire les souvenirs du discours d'investiture d'Alain Juppé, avec sa réduction de la « fracture sociale » décorée du symbole généreux des pommes qu'il fallait faire manger à tous les Français et mieux répartir. Ce discours fut, pour l'essentiel, abandonné par Jacques Chirac un petit soir de télévision, trois ou quatre mois plus tard, le 26 octobre 1995.

La Ve République serait-elle donc une machine à vous trahir ?

L'électorat n'est pas volatil lorsqu'il déserte. C'est son mandataire, son dépositaire sacré qui lui témoigne son mépris en annonçant une chose, pendant qu'il se prépare à en faire une autre. Ceux qui ont appris à aimer l'action politique dans les manuels des cardinaux – Retz, Mazarin, Richelieu –, rédigés en des siècles où la vie et la mort des peuples se jouaient aux échecs sur des cartes d'état-major, ceux qui n'ont été formés aux affaires publiques qu'à l'école du cynisme, tous ceux-là devront réapprendre la République : son enseignement obligatoire du respect du peuple, de la parole donnée qui ne peut être reprise. Ceux-là n'ont pas tout à fait à mes yeux leur place à gauche. On les trouvera, il est vrai, le plus souvent à droite.

Lorsque Lionel Jospin dit aujourd'hui (le 17 juillet 2000), dans une réaction d'antimachiavélisme primaire qui mérite quelques salves d'amitié : « La responsabilité politique, c'est de partir de ce qu'on a voulu faire, de ce qu'on a proposé, et considérer qu'on a un devoir de le mettre en œuvre et d'en rendre compte », le voici qui marche dans les souliers de ses grands prédécesseurs, Jean Jaurès, Léon Blum, amoureusement républicains. Il veut s'engager à réintroduire la dimension morale de l'action politique dans des institutions qui n'en ont aucune. Il voudrait donc se lier les mains lorsque les institutions les lui laissent libres. Il travaille à réhabiliter le contrat de confiance républicaine dont les institutions n'ont que faire. Il voudrait reconstruire la force, le prestige et la beauté de l'action politique, dont la Ve République s'est moquée alors qu'elle-même ne reposait que sur les épaules larges et légendaires de son fondateur. Après lui, après cet homme hors du commun, le déluge de l'immoralité de ses successeurs médiocres pouvait s'abattre sur le peuple de France.

Certains n'ont voulu voir, dans ce curieux jospinisme, qu'une forme de bigoterie moralisante, pour mieux en montrer l'hypocrisie. La morale de l'action n'est conçue, dans ce vieux pays à la fois catholique et anticlérical, que comme la mimique malhonnête et hypocrite du personnage de Tartuffe, et de tous les trafics d'indulgences qu'il symbolise. Je préfère, pour ma part, y voir le contrat, certes moral, mais juridiquement et politiquement passé, entre un responsable politique et ceux qui ont remis, hésitants, un peu de leur confiance entre ses mains.

Il faut réentendre la théorie que fit de cette morale Pierre Mendès France : « L'élément fondamental du système démocratique, c'est la vérité. Dès lors que le pays est appelé à choisir parmi les hommes, à se prononcer entre des thèses et des propositions qui lui sont soumises, il est évident que la probité de l'exposé des questions et la fidélité aux engagements pris constituent des éléments de base dans le fonctionnement du régime. S'il n'y a pas d'honnêteté de la part de ceux qui jouent un rôle dans le jeu des institutions, il ne peut pas y avoir de démocratie. (...)

« Par contre, le mensonge, l'hypocrisie, la tricherie, sont incompatibles avec la notion de démocratie. La démocratie repose à tout moment sur l'exposé des problèmes, les engagements pris par les hommes qui se proposent de devenir des responsables, et le mandat donné par le pays à ces hommes pour l'exécution de ces engagements. Si donc cette probité et ce respect fondamental de la vérité n'existent pas, du même coup, il n'y a pas démocratie. Dans ces conditions, quand on parle des mœurs politiques, le principe de la moralité et de l'honnêteté dans une démocratie ne peut pas ne pas être affirmé en premier lieu [1]. »

Un tel contrat, aussi exigeant, est fondamentalement irréalisable dans ces institutions qu'il faut maintenant décrire, inflexible machine à trahir et à broyer les espoirs.

Il est temps maintenant de consommer à tout prix la rupture, au plus vite.

1. Christian Bouyet et René Ponthus, *Les Grands Discours républicains*, Le Cherche-Midi, 1998.

Contrôle parlementaire : mission impossible

> « Tous les citoyens ont le droit de constater par eux-mêmes ou par leurs représentants la nécessité de la contribution publique. »
>
> Article XIV de la Déclaration des droits de l'homme et du citoyen de 1789

La lassitude ou la résistance face à l'impôt sont les symptômes d'une grande désaffection. Elles expriment toutes deux la faiblesse de l'adhésion populaire aux prélèvements publics et à l'intérêt de la dépense publique. Car l'impôt, sacrifice civique du citoyen, n'a d'intérêt social qu'au regard de la dépense qu'il induit et de l'appréciation qu'en fait le contribuable chaque jour.

Chaque nation a organisé à sa manière cet équilibre entre le sacrifice de l'impôt et l'adhésion autour de la dépense. Le Parlement, assemblage des représentants de la Nation, y joue un rôle crucial. Allez par exemple en Suisse, rencontrez le ministre helvétique des Affaires étrangères, il vous expliquera comment son Parlement a restreint depuis de longues années les dépenses de son ministère, jusqu'à empêcher le financement de plus d'une seule visite par an d'un chef d'État étranger en Suisse. Ainsi, les pays étrangers prennent la file d'attente des voyages officiels pour se rendre en Suisse, dont le Parlement refuse obstinément à ses dirigeants ce qu'il considère comme les stigmates d'une dépense diplomatique pompeuse et excessive.

En Angleterre, pays dont la susceptibilité à l'impôt est bien connue, le Parlement a installé en son sein une sorte de gigantesque et permanente Cour des comptes à la disposition de la Chambre des communes, qui est l'équivalent de notre Assemblée nationale au sein du Parlement britannique. Le National Audit Office établit quarante rapports de contrôle par an sur la bonne utilisation des deniers publics et du patrimoine de l'État et des établissements publics. Chaque année le National Audit Office définit un niveau obligatoire d'économies à réaliser, huit fois égal au coût de fonctionnement de cet organisme. Ainsi, en 1999, la Chambre des communes a imposé trois milliards d'économies au budget de l'exercice. Les députés anglais y consacrent des heures, assis sur leur chaise de bois, entourés d'experts de la London School of Economics. Dans ces salles au plafond bas du palais de Westminster, ils interrogent comme un tribunal de la Nation, devant des journalistes assoiffés de petits scandales, un pauvre fonctionnaire qui a signé des ordres de paiement sur un programme budgétaire. Aucun des députés chargés de l'interrogatoire ne quitte avant son terme la séance qui dure parfois plus de trois ou quatre heures. Ils ont le temps, puisqu'ils n'ont pas d'autres mandats... C'est d'ailleurs la force de ces représentants de se consacrer avec passion et constance à la fonction prestigieuse que les sujets de Sa Majesté leur ont confiée. Voici donc la plus belle des républiques qui trouve son siège dans la plus vieille des monarchies.

Écoutez Sir John Bourn, Auditeur général du Royaume-Uni, nommé à la tête du National Audit Office par la Chambre des communes, parler de son système de contrôle, *value for money*, qu'il traduit lui-même par « savoir si le contribuable en a pour son argent ».

« Il ne s'agit pas pour moi de critiquer les politiques du gouvernement. Par exemple ce n'est pas à moi de dire si le Royaume-Uni doit ou non disposer de l'arme nucléaire, en revanche il m'appartient, si par exemple un contrat a été établi pour construire un sous-marin, d'étudier les coûts d'exploitation de la Marine britannique et de voir si les dépenses sont effectivement bien menées. Ce n'est pas à moi de dire s'il faut ou non privatiser le chemin de fer, mais à moi de voir, à partir du moment où cette politique a été décidée par le gouvernement, comment elle a été réalisée, si la privatisation a permis de réaliser des recettes, et si des problèmes se sont posés, voir quels enseignements peuvent être tirés pour d'autres expériences. C'est le gouvernement qui décide des politiques mais c'est moi qui, après avoir examiné les objectifs à atteindre, étudie s'ils l'ont effectivement été dans les délais, avec les budgets voulus, et si tel n'est pas le cas qui en recherche les causes. Les estimations étaient-elles mal faites ? Y a-t-il eu des difficultés d'ordre technique ? Y a-t-il eu des problèmes d'insuffisance de personnel ? Ou encore le programme lui-même était-il mal conçu ?

« En ce qui concerne la gestion de projets dans le domaine militaire par exemple, nous réalisons un rapport sur les vingt-cinq projets militaires les plus coûteux – aéronefs, missiles, navires. Nous ne cessons de voir comment ces projets se déroulent en termes de dépense, de délai, de collaboration. Aussi bien pour le ministère de la Défense que pour celui de la Santé publique, qui étaient propriétaires de nombreux biens immobiliers, nous leur avons recommandé de les vendre [1]. »

Tous les parlements d'Europe ont ainsi bâti des mécanismes de contrôle de la nécessité des dépenses qui justifient l'impôt. Tous sauf un seul : l'Assemblée nationale française.

Remarquez pourtant chaque année avec quelle fièvre et quel tumulte les esprits parlementaires et gouvernementaux s'emparent de la question fiscale. Quel impôt faut-il diminuer, supprimer, créer, augmenter? On discute jusqu'au bout de la nuit des recettes dont le génie créatif n'est plus à démontrer. Redevance audiovisuelle, fiscalité à taux progressif des stock-options, quirats dans les DOM-TOM, contribution représentative du droit de bail, droit de mutation et de timbre, taxe intérieure sur les produits pétroliers, plus-value à long terme, part régionale de la taxe d'habitation, plafonnement de l'AGED, déductibilité partielle de la contribution sociale généralisée... notre inventivité est hors du commun.

Ne gagnerait-elle pas à s'exercer avec le même génie sur la restriction des dépenses publiques? pourrait s'interroger à juste titre le béotien. Impossible, vous

1. *Groupe de travail sur l'efficacité de la dépense publique et le contrôle parlementaire, Contrôler réellement pour dépenser mieux et prélever moins* tome 2, Auditions. Laurent Fabius président, Didier Migaud rapporteur, Assemblée nationale, 1999.

répondra derechef l'expert, car la Constitution ne le permet pas. L'interdiction est signée Michel Debré et sa jeune équipe de technocrates de 1958, qui concoctèrent non sans ingéniosité un texte que les parlementaires connaissent trop et les citoyens pas assez : la fameuse ordonnance organique du 2 janvier 1959. Texte pris par décret, ayant valeur de loi organique, s'imposant comme le Talmud aux députés et aux sénateurs qui ne l'ont pourtant jamais délibéré, car décidé par voie d'ordonnance du général de Gaulle à l'époque où la Constitution n'était pas encore en état de fonctionner.

Ce texte sacré est un obstacle insurmontable au contrôle de la population, via ses représentants, sur les décisions financières de ses gouvernants. Et le Conseil constitutionnel le fait respecter à coups de règle sur les doigts. Pas une année sans qu'une loi de finances ne fasse l'objet d'une rectification parce que les députés se sont comportés en cancres de ce catéchisme financier. La réussite constitutionnelle de ce chef-d'œuvre méconnu du gaullisme est totale. Elle est directement à l'origine de l'inflationnisme sans limite des finances publiques depuis quarante ans.

En voici la preuve. C'est cette auguste ordonnance qui organise la discussion parlementaire séparée entre ce que l'on appelle les services votés et les mesures nouvelles. Les services votés, c'est ce qui a été voté l'année précédente par le Parlement sur proposition du gouvernement. Les mesures nouvelles, c'est ce qui est à délibérer cette année. Les services votés ne font l'objet d'aucune discussion chapitre budgétaire par chapitre budgétaire, puisque l'ordonnance organique considère que ce qui a été délibéré l'année précédente ne peut être remis en cause l'année qui suit... que globalement. C'est-à-dire jamais ! De sorte que la discussion ne permet aucune remise en cause des décisions de dépenser l'argent public prises l'année précédente. C'est ainsi que fonctionne le budget de l'État depuis quarante ans, et que chaque année les parlementaires s'interrogent sur la question de savoir comment ils devront trouver des recettes et donc des impôts pour mettre en face de ces mesures nouvelles qui ne contiennent aucune diminution des dépenses de l'année précédente.

Il n'est jamais advenu, depuis les débuts de la Ve République, qu'un ministre propose des mesures nouvelles négatives, diminuant et remettant en cause les dépenses votées l'année précédente. Il aurait été considéré par son administration, par tous les observateurs, comme un mauvais ministre puisque incapable de présenter un budget en augmentation. Ce système, génétiquement inflationniste, qu'a mis en place Michel Debré, aucune majorité parlementaire n'a voulu le remettre en cause, alors qu'il est à l'origine directe de la méfiance que nos concitoyens ressentent désormais envers leurs représentants et leur capacité à agir selon leurs vœux.

Il faut dire que les auteurs de ces prestigieuses ordonnances ont entouré les prérogatives du gouvernement d'un mur hérissé de verre coupant. Ainsi, il n'existe pas de comptabilité transparente et complète qui permette la connaissance approfondie de l'utilisation des deniers publics par l'État. Il est de la sorte impossible aux parlementaires, et aux citoyens devant lesquels ils doivent rendre des comptes, de connaître la totalité des actifs dont l'État est propriétaire.

Impossible, par exemple, de connaître le patrimoine immobilier de l'État par une liste qui pourrait être complète et rendue publique. Impossible de connaître avec précision la nature et la portée des engagements à long terme de l'État. Lorsque l'État embauche un fonctionnaire, il l'embauche pour environ quarante années plus environ vingt années pendant lesquelles il financera sa retraite. Or, le Parlement n'a jamais été en mesure d'évaluer les engagements pris par l'État sur la retraite de ses fonctionnaires. Impossible d'apprécier la portée des engagements de l'État s'agissant des dettes de certains établissements publics comme la SNCF, comme les garanties en nature accordées par l'État. Il n'existe par ailleurs aucun bilan consolidé des entreprises publiques qui permettrait de savoir si l'État s'est enrichi ou appauvri du fait de ses participations dans des sociétés à capitaux publics. Imaginons ce que serait une entreprise qui aurait plus de 2 000 filiales et dont on ne connaîtrait que la comptabilité de sa maison mère, sans la moindre connaissance patrimoniale et comptable de ses filiales.

L'Assemblée nationale des représentants du peuple est aujourd'hui tenue par le pouvoir exécutif dans l'ignorance volontaire et dans des conditions aussi contestables que pourrait l'être une entreprise qui ne remettrait pas un bilan complet assorti de l'actif et du passif, une comptabilité de résultat, un tableau de bord de la gestion économique et financière de ses dettes, son personnel, son patrimoine et ses investissements devant l'assemblée générale de ses actionnaires. Et il n'existe aujourd'hui aucun texte contraignant le ministère des Finances à offrir aux représentants de la Nation les moyens de contrôler les conséquences de leurs propres décisions. C'est là une pratique gravement contestable que l'ordonnance organique de 1959 a méthodiquement organisée et dont nous payons aujourd'hui les conséquences.

S'il n'y avait que les silences, les députés que nous sommes pourrions encore les supporter. Mais les contribuables de ce pays doivent savoir que le mensonge intellectuel de l'administration de l'Économie et des Finances dans la construction de son ouvrage budgétaire est devenu une méthode de gestion courante.

Chaque automne, le ministre des Finances distribue à chaque député, lors de l'ouverture du débat parlementaire de la loi de finances, un fascicule bleu intitulé « rapport économique et financier ». Il s'agit d'une sorte de dissertation léchée par les meilleurs élèves de Bercy sur les grandes hypothèses économiques, financières, monétaires sur lesquelles viennent se bâtir les décisions parlementaires. C'est dans le cadre de ces hypothèses que l'autorisation budgétaire sera donnée par les députés au gouvernement. Tout citoyen pourrait se divertir en comparant le rapport que la Cour des comptes consacre chaque année à la réalisation de ces hypothèses, et l'exécution par le gouvernement de l'autorisation budgétaire donnée par le Parlement [1]. Ainsi le projet de loi de finances pour 1993 reposait-il sur une hypothèse de croissance du Produit intérieur brut de 2,6 %, débouchant sur un déficit de 165 milliards de francs. Le rapport de la Cour des comptes sur l'exécution de la loi de finances pour cet exercice préci-

1. Cour des comptes, *Rapport sur l'exécution des lois de finances en vue du règlement du budget de l'exercice 1999*, Édition des Journaux officiels, 2000.

sait que la croissance française avait en réalité connu une récession de 1 %, laquelle avait débouché sur un déficit de 315 milliards de francs, soit le double des hypothèses envisagées au vu desquelles le Parlement s'était prononcé. En 1996, le gouvernement avait prévu une croissance de 2,8 % dans son projet de loi de finances, alors qu'elle ne s'est élevée en réalité qu'à 1,2 %.

À ces erreurs d'analyse, que pourrait justifier la difficulté d'un diagnostic en période de turbulences économiques, s'ajoutent les diverses manipulations décidées par les ministres des Finances successifs.

Chaque année, depuis quarante ans, le gouvernement, quel qu'il soit, reporte artificiellement à l'exercice suivant des décaissements significatifs pour réduire de manière factice nos charges et sortir du budget de lourdes dépenses en les confiant artificiellement à des établissements publics échappant à l'autorisation budgétaire. Il contourne, modifie, transforme, par simple décret comme le lui permet la fameuse ordonnance organique de 1959, l'autorisation parlementaire des dépenses qui dans tous les pays européens constitue un acte intouchable et sacré, mais qui a en France le statut d'un chiffon de papier, à peine utile pour emballer le poisson.

Il reste alors aux contribuables d'aujourd'hui à remercier les fondateurs de nos institutions d'avoir organisé la plus grande dépossession du pouvoir de contrôle que l'Histoire a donnée aux représentants de la Nation. Et cela au mépris de tant d'années de conquêtes républicaines, remises en cause sans que personne ne s'en soit aperçu. L'article XV de la Déclaration des droits de l'homme et du citoyen a beau disposer avec majesté que tout agent public a le devoir de rendre compte à son administration, il reste que les institutions de la Ve République ont organisé la violation permanente de ce principe éternel.

Le scandale de cette dépossession se loge, comme le diable, dans le moindre détail, le moindre repli de la procédure parlementaire que nous autres députés avons à affronter chaque automne. Votre représentant au Parlement reçoit alors du ministère des Finances les fameux cahiers bleus de l'Imprimerie nationale qui retracent les projets de dépenses ministère par ministère. Je puis garantir que s'il n'est pas diplômé en ésotérisme ou en numérologie, il n'aura aucune chance d'exercer son contrôle en votre nom. Même les députés qui faisaient profession dans le privé d'expert-comptable ne savent pas lire cette littérature de secte dont l'exclusive utilité et la seule raison d'être sont de rester incompréhensibles. Impossible, même en slalomant serré entre les lignes budgétaires de ces fameux « bleus », de savoir combien de professeurs d'université, combien d'instituteurs, combien de magistrats, combien de gendarmes, combien d'agents du Trésor vous payez, et à quel prix, dans le budget de l'État. Seuls quelques conseillers budgétaires cachés dans une mansarde de Bercy le sauront peut-être, et encore, au prix de longues recherches.

Quant à nous, nous avons la tristesse de vous annoncer que nous n'en savons rien ! J'ai voulu un jour connaître le nombre de fonctionnaires des Renseignements généraux employés par la Préfecture de police de Paris et le coût total de leur emploi dans cette tâche chaque année. J'ai ainsi recherché précisément dans la nomenclature budgétaire quel était le budget de la Préfecture de police de Paris et, à l'intérieur de ce budget qui comportait de nombreux objectifs et tâches, quel était le nombre de fonctionnaires des Renseignements généraux. Au regard des « bleus » budgétaires, cette information n'est pas disponible. Ce n'est qu'après le questionnement du ministère de l'Intérieur que nous avons obtenu, avec les fonctionnaires de l'Assemblée nationale, un chiffre, impossible à contrôler. Les seuls qui auront pu le faire – 700 fonctionnaires pour un coût total de 12 millions de francs par an, ce qui est considérable et à mes yeux sans grande utilité – sont les magistrats de la Cour des comptes qui ont révélé, dans un rapport sur les moyens de fonctionnement de la Préfecture de police de Paris, des gaspillages considérables, en donnant des chiffres qui ne correspondaient nullement à ceux fournis par l'administration. Nous pourrions même soupçonner l'administration centrale du ministère de l'Intérieur de ne pas connaître elle-même exactement le nombre de fonctionnaires qu'elle salarie dans ses propres services. Sept cents employés, payés à écouter aux portes des salles de bains et à faire parler les concierges, cela paraît dispendieux, surtout lorsque l'on sait que, dans le même temps, il n'existe pas suffisamment de policiers de proximité, d'îlotiers, d'officiers de police judiciaire et d'enquêteurs dans les brigades de la Police judiciaire.

Voici donc comment l'administration, à travers le monopole de l'information et de la connaissance de la dépense publique qu'elle détient, se trouve dans l'incapacité redoutable de faire évoluer ses propres services publics. L'absence de contrôle extérieur et de remise en cause qu'autoriserait un débat sincère avec le Parlement place chaque ministre dans un face à face immobile avec ses syndicats de fonctionnaires.

Pourtant, notre pays a besoin de services publics performants tournés vers les citoyens, évolutifs, solidement organisés sur la totalité du territoire. Les mannes budgétaires n'étant pas infinies – ce que les contribuables qui souffrent sont capables de comprendre –, il est naturel de procéder au redéploiement ou à la transformation d'effectifs. Lorsque vous avez moins besoin de comptables du Trésor, d'agents des impôts, mais davantage d'instituteurs, davantage de policiers de proximité, davantage d'infirmières, c'est au Parlement de définir les priorités politiques, de le dire en regardant en face la réalité budgétaire, avec les syndicats de fonctionnaires et les administrations de tutelle concernées. Parce que c'est la Nation, tout simplement, qui doit choisir, et non l'administration elle-même qui doit se reproduire à l'infini, même si les besoins du public évoluent. Nous sommes là bien loin des recommandations de Sir John Bourn !

Pourtant, en l'an 2000, la majorité parlementaire de cette onzième législature s'est enfin engagée sur les chemins caillouteux de la réforme. La Commission des finances de l'Assemblée nationale a créé une mission permanente dite d'évaluation et de contrôle des dépenses publiques [1]. Son rapporteur général, Didier Migaud, député de l'Isère, dont il faut saluer la constance et la détermination, vient de déposer une pro-

1. Assemblée nationale, Commission des finances, rapport d'information n° 1781, *Mission d'évaluation et de contrôle. Contrôler réellement, pour dépenser mieux et prélever moins*, Didier Migaud rapporteur général, 1999.

position de modification de l'ordonnance organique de 1959, première tentative de la part de députés de la majorité de priver le gouvernement de ses prérogatives inacceptables [1]. Devant la mission d'évaluation et de contrôle, le premier président de la Cour des comptes, Pierre Joxe, avait affirmé sa conception tout à fait britannique du contrôle parlementaire. Écoutez-le parler aux députés de la Commission des finances de l'Assemblée nationale : « Je suis tout à fait favorable à ce que la Cour des comptes vous apporte son aide, mais avant tout, agissez ! Voilà le rapport sur la toxicomanie, par exemple, où il est dit que l'on ne connaît pas le montant des dépenses. Convoquez-nous, convoquez la nouvelle déléguée à la toxicomanie, organisez une audition et je vous assure que les choses changeront. C'est un problème très grave, beaucoup d'argent est dépensé et on ne sait pas combien... Faites-le ! Si vous voulez disposer de plus de précisions sur le budget d'équipement de la Défense – qui est d'environ 80 milliards de francs –, convoquez le directeur général de l'armement ! Faites comme en Grande-Bretagne, organisez des auditions ! Vous me demandez si nous sommes prêts à vous aider, à vous fournir des rapports. Mais bien sûr, les voilà, ils sont là, mais agissez ! (...) Bien sûr que l'on peut vous aider. Je ne m'y suis jamais opposé. Cependant j'observe que cela n'est jamais suivi d'effets, et je le regrette. Comment ai-je appris ces pratiques de contrôle parlementaire ? Non pas en tant que ministre ou député, mais en fréquentant mes collègues britanniques et de l'Europe du Nord. D'ailleurs, ces derniers sont toujours

1. Proposition de loi n° 2540 relative aux lois de finances, enregistrée à la présidence de l'Assemblée nationale le 11 juillet 2000.

étonnés lorsque je leur dis que je suis entendu par la Commission des finances trois fois par an. Eux, ils sont auditionnés trente fois par an – voire plus ! Je suis donc tout à fait favorable à une coordination des programmes, mais vous nous montrerez réellement votre volonté lorsque vous nous aurez interrogés un grand nombre de fois sur un sujet précis. Je pense à l'armement, mais aujourd'hui le plus gros budget est celui de l'Éducation nationale, et si vous manifestez un intérêt suivi pour un certain nombre de questions, nous vous suivrons et nous nous adapterons. D'ailleurs nous l'avons toujours fait. Pensez à la vertu de ces procédures publiques et contradictoires : une fois que l'on a commencé, on ne peut plus s'arrêter. C'est la raison pour laquelle je souhaite que vous commenciez [1]. »

Pour illustrer les déclarations du premier président de la Cour des comptes, je ne peux faire l'économie d'une petite narration. On ne connaît pas en France le coût total des budgets de formation professionnelle, car il s'est installé en la matière un inextricable désordre entre le budget de l'État, le budget des compagnies consulaires, et celui des établissements publics déconcentrés ou décentralisés. On évalue la somme totale d'argent public consacré à cet objectif public essentiel, la formation professionnelle, à environ 250 milliards de francs, c'est-à-dire autant que la dette totale du budget de l'État.

La Cour des comptes dans son rapport annuel de 1998 nous apprenait que l'Association de formation professionnelle des adultes (AFPA) reçoit chaque année du

1. *Groupe de travail sur l'efficacité de la dépense publique et le contrôle parlementaire, op. cit.*

budget de l'État une subvention d'un montant de 5 milliards de francs. Le ministère chargé de la formation professionnelle organise chaque année, par voie de subvention, la prise en charge d'une grande partie de son budget de la formation professionnelle par une association régie par la loi de 1901, laquelle reçoit un pécule presque égal à la moitié du produit de l'impôt sur les grandes fortunes. En raison de la souplesse de gestion que permet le cadre associatif, l'AFPA ne relève pas de la comptabilité publique. La Cour des comptes exposait qu'en 1997 l'AFPA avait placé sur les marchés financiers un excédent de trésorerie d'environ 500 millions de francs, soit 10 % de la subvention qu'elle avait reçue comme chaque année du budget de l'État. Parallèlement, dans mon département, la Saône-et-Loire, j'apprenais que la branche locale de l'AFPA, alors que nous sommes à la recherche de programmes de formation professionnelle solides pour garantir une main-d'œuvre de meilleure qualité à des entreprises recherchant d'urgence des professionnels, avait rendu à l'association nationale de l'AFPA l'équivalent de 30 000 heures de formation professionnelle. Le contraste entre le diagnostic cruel de la Cour des comptes et l'inefficacité de l'AFPA sur le terrain me paraissait devoir relever d'une sanction au titre du contrôle parlementaire. J'ai ainsi déposé un amendement de restriction de crédit correspondant à cet excédent de trésorerie de 500 millions de francs que la direction de l'AFPA avait cru devoir placer sur les marchés financiers. Je suis allé défendre mon amendement devant mon groupe parlementaire. La sanction parlementaire paraissait naturelle, après d'une part que la Cour des comptes eut révélé cette dérive, et d'autre part que la mission d'évaluation et de contrôle eut réalisé un rapport rédigé par un parlementaire de l'opposition, Jacques Barrot, ancien ministre des Affaires sociales du gouvernement Juppé, identifiant et condamnant à son tour ces mauvaises pratiques.

Je pensais évident que cet amendement de restriction de crédit recevrait un soutien de la part de l'opposition et de la majorité. Ressentant la douce réticence de mon groupe à s'engager dans la voie d'une restriction brutale de crédit, j'en ai ramené le montant de 500 millions à 50 millions de francs, réduisant ainsi la sanction parlementaire à hauteur non plus de 10 % du budget total de l'AFPA, mais seulement 1 % du budget de cette association, afin de contraindre les dirigeants de cette association à s'adapter aux exigences du non-gaspillage, suivant ainsi les recommandations de Sir John Bourn et de la Cour des comptes.

Je n'ai pas été autorisé à déposer cet amendement au motif que le rapporteur du budget de la formation professionnelle qui avait enquêté au sein de la mission d'évaluation et de contrôle sur l'AFPA, M. Jacques Barrot, n'avait pas jugé à son tour utile de proposer une restriction des crédits. Il est vrai que la mission d'évaluation et de contrôle avait fait passer un très mauvais moment au directeur de l'AFPA, et que le gouvernement avait remplacé celui-ci. Je suis allé voir Jacques Barrot, député de l'opposition, pour lui demander pourquoi lui-même n'avait pas jugé utile de déposer un amendement de restriction de crédit. Il m'a expliqué que le changement de directeur suffisait pour l'instant.

Sir John Bourn, chargé par le Parlement de réaliser 3 milliards d'économies, n'aurait pourtant pas été fâché de trouver dans le budget de l'AFPA les premiers 500 millions nécessaires à l'accomplissement de son œuvre parlementaire.

La résistance parlementaire à la dépense publique pourrait être imaginée plus facile et plus guerrière, dès lors qu'il ne s'agit pas de remettre en cause les services existants, même en plein dysfonctionnement. On pourrait concevoir une Assemblée nationale plus tatillonne, dans son esprit de vérification, et plus désagréable encore avec les projets de l'exécutif, lorsqu'il s'agit d'investissements nouveaux qui généreront dans l'avenir des charges de fonctionnement généralement non évaluées, lesquelles viendront s'inscrire chaque année pendant plusieurs décennies dans la colonne des dépenses annuelles supplémentaires. Tel est le cas par exemple de la décision consistant à lancer un nouveau porte-avions, ou de créer un musée d'ampleur nationale, ou d'entreprendre la construction d'un nouveau sous-marin à propulsion nucléaire lanceur d'engins.

Ainsi, l'exemple de la Très Grande Bibliothèque construite sur la rive gauche de la Seine paraît significatif de ce type de mœurs budgétaires. Sur le papier de ses créateurs, il s'agit là d'un extraordinaire projet culturel : rassembler dans un seul lieu tout ce que notre pays compte de textes imprimés depuis que l'impression et l'édition existent, en faire un instrument hors du commun pour la recherche mondiale, en donnant aux chercheurs, scientifiques, écrivains, une technologie d'accès aux sources très évoluée. Il s'agissait d'un acte de considération à l'égard de la recherche, et également d'un acte budgétaire en faveur du rayonnement international de notre pays. C'était enfin un geste architectural puisque le projet devait briller par son audace et son ambition. Ainsi, vouloir sortir les chercheurs, ces femmes et hommes qui contribuent au prestige de notre université, des enfers étroits et saturés de la Bibliothèque nationale, pouvait autoriser un certain libertinage budgétaire alors que la France traversait, en cette année 1990, une période d'aisance économique et de croissance. Surtout, cet extraordinaire ouvrage a été pensé à un moment où nul n'imaginait que la numérisation permettrait de comprimer et de transmettre la documentation à distance et par correspondance, sans que ceux qui souhaitent la consulter aient à se déplacer.

Sur le plan budgétaire, le montant de l'investissement initial est considérable : huit milliards de francs, ce qui est peu pour le budget de l'État, mais très important pour le budget de la culture, qui ne dépasse pas chaque année quinze milliards de francs. Ce bâtiment, fréquenté par environ 5 000 personnes par jour, coûte aujourd'hui au budget de fonctionnement du ministère de la Culture 980 millions de francs par an, soit l'équivalent de presque un milliard sur les quinze qui lui sont alloués, le privant ainsi des marges de manœuvre budgétaires dont il aurait bien besoin. Le bilan architectural, budgétaire, culturel de cet investissement paraît aujourd'hui déséquilibré et contestable. C'était une décision personnelle d'un président de la République obsédé par l'écrit et le livre.

D'une certaine façon, de même que Georges Pompidou, amoureux de l'art contemporain, avait créé Beaubourg, que Valéry Giscard d'Estaing avait transformé la gare d'Orsay en lieu de culte de la peinture du XIXe siècle, François Mitterrand avait ainsi perpétué la tradition des grands travaux présidentiels. Ceux-ci n'ont aucun statut juridique en tant que tels, et ce terme de « grands travaux » rappelle les excès de la monarchie. La gauche aurait pu se distinguer par une autre façon d'envisager ce type de projet. Des interrogations nombreuses subsistent : pourquoi toujours Paris et jamais telle ou telle grande ville de province, comme c'est le cas dans de nombreux pays européens ? Pourquoi donner à un seul homme le choix esthétique final parmi les lauréats du concours d'architecture ? Pourquoi ne pas concilier la nécessité de ces ouvrages culturels avec un contrôle parlementaire sur les risques de dérives budgétaires dans la réalisation de l'œuvre ? Le simple fait que ces questions n'aient pas été posées traduit un grave mépris pour ceux qui font le sacrifice de payer parfois douloureusement leurs impôts.

C'est pourtant dans cette coutume budgétaire contestable qu'est venu s'inscrire un projet âprement désiré par le président de la République Jacques Chirac : le musée des Arts premiers. Il s'agit là encore d'un projet d'une louable ambition : sortir de l'obscurité et du mépris les créations de ce qui fut appelé pendant des décennies « art nègre » ou « art primitif », en mettant à la disposition du public les moyens de la connaissance et de la reconnaissance [1]. Le futur musée des Arts premiers a fait l'objet de deux études de la part du ministère de la Culture. Celui-ci proposait en premier lieu la réactualisation de l'actuel musée de l'Homme, situé au

1. Marine Degli et Marie Mauze, *Arts premiers, le temps de la reconnaissance*, Gallimard et Réunion des Musées nationaux.

Trocadéro, pour un coût de réaménagement se limitant à 500 millions de francs d'investissement. La présidence de la République préférait la création d'un nouveau bâtiment qui coûtait aux finances publiques le double, soit un milliard de francs, sachant que toute réalisation de bâtiment public sur concours architectural et sur marché de travaux coûte entre un quart, voire un tiers ou même la moitié, de plus que le montant initial envisagé par le marché. Nous pouvons donc considérer que le projet de construction d'un nouveau bâtiment, dont nous savons aujourd'hui qu'il sera situé quai Branly, coûtera plus de 1,5 milliard de francs, conformément aux réalités statistiques de ce type d'investissement culturel. Il ne paraît guère acceptable que l'État gère de cette façon ses propres budgets d'investissements, puisque ses prévisions sont fondées sur un mensonge dont la réalité statistique est incontestable. Le gouvernement dit au Parlement : « Vous allez m'autoriser à financer ce projet pour une somme de dix », même si nous savons qu'il est inévitable que cela coûtera quatorze ou quinze. Il faudrait ainsi envisager, non seulement des mécanismes de contrôle budgétaire investissement par investissement au moment de leur engagement, mais encore des contrôles d'exécution beaucoup plus fermes que ceux qui prétendent exister aujourd'hui.

Heureusement, s'agissant du musée des Arts premiers, il existait une solution de rechange. La ministre de la Culture, Catherine Trautmann, était favorable à la réutilisation des murs du musée de l'Homme. Le président de la République voulait son œuvre architecturale, comme ses prédécesseurs avaient laissé dans l'urbanisme parisien une trace de leur passage sur cette pauvre terre du pouvoir. À la solution proposée par la ministre de la Culture, le gouvernement a préféré celle du président de la République, le ministère ayant été battu, dans le cadre des discussions internes au gouvernement, sur son projet de réaménagement pourtant plus léger pour les finances publiques.

Lorsque ce projet est venu en discussion dans le cadre de la Loi de finances devant l'Assemblée nationale, j'ai décidé de déposer, avec d'autres députés socialistes dont les noms méritent d'être salués [1], des amendements de restriction de crédits sur les autorisations de programme budgétaire présentées par le ministère de la Culture pour l'exécution de la décision gouvernementale de construction d'un nouveau bâtiment. Ces amendements proposaient de revenir au projet du ministre de la Culture, en diminuant de ce fait les crédits de moitié. En effet, entre le bâtiment à construire et le réaménagement du musée de l'Homme, les crédits budgétaires pris sur le ministère de la Culture passaient du simple au double.

Il est utile de préciser ici qu'aucun amendement ne peut être déposé par un député inscrit à un groupe parlementaire s'il n'y est pas autorisé par le groupe en question. Les règles de discipline du groupe donnent l'impression d'être une véritable muselière. Mais la discipline d'un groupe donne aux électeurs qui ont porté leurs voix sur un programme politique la garantie d'en obtenir l'exécution collective. C'est donc au sein du

1. Dominique Baert, député du Nord, François Colcombet, député de l'Allier, Odette Grzegrzulka, députée de l'Aisne, Jean Launay, député du Lot, Christian Paul, député de la Nièvre, Vincent Peillon, député de la Somme, Germinal Peiro, député de la Dordogne, et Marisol Touraine, députée d'Indre-et-Loire.

groupe que chacun des députés, envoyés au Parlement sur la base de ce programme, devra convaincre et en cas d'échec s'incliner. Les amendements de restriction de crédits sur ce projet ont été qualifiés par mon président de groupe, Jean-Marc Ayrault, de « sympathiques ». Il y a dans ce mot à la fois de la compassion et de la cruauté. La compassion teintée de paternalisme que tout responsable politique accompli et expérimenté aime à adresser au naïf qui n'aurait pas encore fait ses classes de cynisme politique. Et la cruauté de celui qui ôte à l'auteur des amendements tout espoir de voir triompher sa cause... à tel point que mon président de groupe me pria de bien vouloir retirer mes amendements « sympathiques ».

Il m'a fallu expliquer que lorsque je prenais la peine de rédiger des amendements, de les cosigner avec huit de mes collègues, c'est qu'ils avaient pour but non seulement d'être discutés, mais également d'être adoptés au cours de la procédure budgétaire. J'ai dû une fois encore insister pour que ces amendements restrictifs soient inscrits à l'ordre du jour du groupe socialiste pour discussion et approbation ou rejet. Il m'a été indiqué que ces discussions n'étaient pas opportunes car ces amendements pouvaient créer un motif de discorde à l'intérieur de l'exécutif entre le président de la République et le Premier ministre, que la Constitution contraignait à une cohabitation douce et courtoise. J'ai dû revenir à la charge d'une façon frisant il est vrai – et je prie tous ceux qui en ont souffert de m'en excuser aujourd'hui – l'indélicatesse. La cohabitation entre un président de la République et un Premier ministre qui tombent d'accord dans le cadre de leurs permanentes, interminables négociations en tout genre et sur tous les sujets concernant les affaires de l'État, n'empêche pas le Parlement d'exercer sa souveraineté surtout en matière de finances publiques, souveraineté dont la restauration est urgente et indispensable.

J'ai donc décidé de maintenir l'amendement à l'ordre du jour, malgré les amicaux conseils en sens contraire, pour affirmer cette conception, si difficile à défendre au Parlement, de la souveraineté des parlementaires en matière de finances publiques. La réunion de groupe s'éternisa. Je restai, patient, muet et attentif, sur le velours bleu des bancs de la salle qui portait le nom prédestiné de Jean-Baptiste Colbert. Le temps passait. De nombreuses autres questions furent soulevées et débattues par le président du groupe. 12 h 15, 12 h 30, les députés vaquaient à leurs occupations, quittaient un à un la salle. Lorsque la question fut abordée, il n'en restait qu'une vingtaine sur deux cent cinquante. Le débat fut bref mais vif. Le scepticisme affiché du président du groupe luttait contre moi. Ce fut, à mon étonnement, l'ancien ministre de François Mitterrand, François Loncle, qui se leva pour porter la contradiction à cette proposition d'amendement. Il prononça à cette occasion une phrase extraordinaire, dans l'esprit de tout ce que ce livre a pour but de combattre. Il appela à voter contre cet amendement au motif que « les grands travaux appartiennent au domaine réservé du président de la République ».

Après le domaine réservé en matière de défense, le domaine réservé en matière diplomatique, voici le domaine réservé en matière de grands travaux présidentiels. Comme s'il existait un droit de tirage illimité sur les finances publiques pour le financement des caprices architecturaux et culturels du président de la République. Cette restauration, sans aucun fondement juridique, de compétences personnelles et propres devant lesquelles nous n'aurions, nous parlementaires, qu'à nous incliner, est une insulte à la souveraineté du Parlement et à sa justification historique, politique et constitutionnelle définie dans la Déclaration des droits de l'homme et du citoyen de 1789.

L'actuel président de la République, comme ses prédécesseurs et comme son successeur, aura gagné dans cette affaire de nouvelles prérogatives qu'il pourra exercer sans contrôle, au mépris des conquêtes de la Révolution française. Nous avons été battus par quinze voix contre sept.

Ces amendements anti-grands travaux présidentiels auraient permis d'économiser un milliard de nos francs sur deux exercices budgétaires, sans rien changer à l'ampleur et à la qualité muséographique du projet qu'ils finançaient. Cette petite histoire ne raconte pas seulement l'insuffisance des pouvoirs du Parlement. Elle dit l'absence de volonté de contrôle des parlementaires, pourtant investis de cette mission par la Constitution et l'esprit des textes républicains.

Un professeur de droit disait ainsi à bon escient : « Ce qui manque au Parlement ce ne sont pas des pouvoirs mais plutôt des parlementaires pour les exercer [1]. » Voilà qui est justement dit et bien examiné. Car l'ordonnance organique de 1959 qui brisa les bras et les jambes du Parlement en matière de dépenses publiques n'est pas allée jusqu'à le priver de tout pouvoir de contrôle.

1. Guy Carcassonne in *La Cour des comptes et le Parlement*, RFSP n° 59, 1997, p. 132.

Les députés membres de la Commission des finances, rapporteurs de chacun des budgets, disposent de pouvoirs de vérification sur place et sur pièces. Or, depuis 1958, le nombre de transports effectués dans un ministère par un rapporteur spécial membre de la Commission des finances se compte sur les doigts d'une petite main. Souvent, les parlementaires se voient opposer toutes sortes de restrictions pratiques par l'administration, glaciale, hautaine et pincée : « Vous seul, et non vos fonctionnaires parlementaires, pouvez consulter les documents ; nos bureaux ferment à 19 heures ; vous ne pouvez pas faire de photocopies, prenez des notes. » Les rapporteurs qui ne mèneraient pas une chasse acharnée dans le cadre de leurs investigations n'accéderaient à aucune information. Voilà pourquoi les rapporteurs spéciaux se contentent de décrire les opérations budgétaires sur la foi des informations qui leur sont données par une administration dont on connaît l'aptitude au mensonge et à la dissimulation.

Le contrôle parlementaire sur les dépenses publiques n'en est donc qu'à sa naissance, quand d'autres pays le connaissent à l'âge adulte. Les rapports bisannuels de la Cour des comptes n'ont été suivis d'effets pour la première fois qu'au cours de l'exercice budgétaire de 1999, et dans des proportions relevant de l'homéopathie plutôt que de la médecine vétérinaire.

Pourtant, l'enquête sur pièces et sur place est un travail que les rapporteurs des commissions d'enquête parlementaires connaissent, et dont les effets sont considérables. Toute personne ne répondant pas à une convocation se rend coupable d'un délit lourdement puni et s'expose à des poursuites pénales immédiates.

Toute personne faisant des déclarations contraires à la vérité devant la commission d'enquête s'expose à être poursuivie pour faux témoignage. La responsabilité du déclarant est personnelle, nul ne pouvant se dissimuler derrière son autorité hiérarchique ministérielle. La possibilité de réaliser des auditions sur place et sur pièces est assortie de celle d'ouvrir ces auditions à la presse. En cas de résistance, ces auditions peuvent devenir des interrogatoires, ce qu'aucun rapporteur budgétaire n'a jusqu'à présent expérimenté. Lorsque la mission d'évaluation et de contrôle de l'Assemblée nationale, heureusement créée en 1999, a commencé son travail d'investigation, elle a convoqué des chefs de service dont il était acquis, au regard des considérations développées dans le rapport annuel de la Cour des comptes, qu'ils n'avaient pas, de toute évidence, été les auteurs d'une excellente gestion des deniers publics. Ces fonctionnaires refusaient de répondre à certaines questions ou les esquivaient en s'abritant derrière l'autorité de leur ministre. Ils osaient préciser, tout en s'excusant maladroitement, qu'ils avaient le devoir d'interroger celui-ci pour connaître la réponse.

Comme il l'a fait avec les commissions d'enquête, le Parlement doit s'emparer des pouvoirs qui sont les siens, les exercer avec force et plénitude, et désormais montrer les dents.

En 1998, François Colcombet, président estimé de la commission d'enquête sur l'activité et le fonctionnement des tribunaux de commerce, fut informé par mes soins, rapporteur enquêtant sur pièces et sur place au tribunal de commerce de Mont-de-Marsan, que les seize juges consulaires de la place avaient refusé de déférer à ma convocation. Et ce, après notification par mes soins du contenu de la loi organique de 1959 portant règlement des assemblées parlementaires et autorisant les poursuites en cas de refus de comparaître. Le président saisit immédiatement le procureur de la République qui mobilisa quelques gendarmes afin de faire convoquer les seize juges récalcitrants, qui durent se présenter sous bonne escorte devant la commission et prêter serment. Leurs refus de réponse furent notés au procès-verbal comme pouvant entraîner une réaction pénale possible de la part de la commission d'enquête. Le travail ainsi engagé permit de faire respecter le Parlement et ses prérogatives. Il permit surtout de produire des résultats dans le cadre des investigations engagées. La commission d'enquête parlementaire s'était rendue dans huit tribunaux, et à chaque occasion avait engagé un contrôle sur pièces et sur place, suivi d'auditions de l'ensemble des juges, greffiers, mandataires de justice, magistrats membres du parquet local. Cela conduisit à dénoncer à la justice répressive une dizaine d'infractions pénales caractérisées découvertes à l'occasion de ces investigations poussées sur le terrain, dossiers entre les mains. On reprocha au rapporteur que je fus, et aux parlementaires engagés dans ce travail d'enquête, d'avoir violé – pas moins – la Constitution. Les juges consulaires, qui jouaient aux improbables résistants, espéraient ouvertement que la commission d'enquête faiblirait sous le poids des institutions et des influences. Il n'en fut rien, les députés ne faiblirent point. Par ailleurs le bureau de l'Assemblée nationale décida de faire poursuivre le président du tribunal de commerce de Paris et son ancien délégué général pour faux témoignages devant la commission d'enquête parlementaire. Celui-ci en conçut une retraite bienvenue. Le rapport parlementaire déboucha sur une réforme proposée par la ministre de la Justice s'inspirant de l'essentiel des propositions faites par la commission d'enquête parlementaire [1]. En cette matière comme en d'autres, ce n'est donc qu'affaire de volonté politique.

Si l'exigence républicaine de contrôle de l'usage des deniers publics par le Parlement ne manque aujourd'hui que de parlementaires pour s'emparer des maigres pouvoirs qui leur sont attribués, c'est que ces parlementaires préfèrent se consacrer à autre chose.

55,3 % des députés sont également des maires, et 90 % des députés disposent d'un autre mandat que leur mandat parlementaire. Les parlementaires, lorsqu'on les cherche pour des votes, pour des commissions d'enquête, pour le travail législatif, pour le contrôle du gouvernement et de l'administration, s'occupent de leurs grandes affaires, c'est-à-dire de gestion locale. Ils sont aux abonnés absents, passionnés par des dossiers d'assainissement, d'alignement des trottoirs de rues, de mise aux normes de stations d'épuration, d'agrandissement de tribunes de stade, de construction de locaux de gendarmerie, de modernisation de l'appareillage des sapeurs-pompiers. Lorsque vous rencontrez un député, posez-vous la seule question qui vaille : Quel est donc le mandat qu'il exerce le plus mal ? Celui de maire ou celui de parlementaire ? Car il est rigoureusement impossible et intenable, pour un parlementaire digne de sa fonc-

1. Rapport d'enquête parlementaire n° 1038, *Tribunaux de commerce : une justice en faillite ?* Assemblée nationale, 1998, François Colcombet président, Arnaud Montebourg rapporteur.

tion, d'être maire, même d'une commune de 450 habitants. Si vous êtes maire d'une grande ville, les tâches, le nombre de décisions, la quantité de délibérations, l'exigence de présence, ne peuvent pas ne pas vous faire abandonner les électeurs qui vous ont envoyé à l'Assemblée nationale. Et si vous êtes maire d'une minuscule commune, la présence qu'exigent vos concitoyens, la solitude dans laquelle vous êtes pour assumer les tâches concrètes et quotidiennes rendent incompatible d'une façon universelle cette fonction avec le mandat de parlementaire. Dans les communes rurales, certains conseillers municipaux ou adjoints au maire sont contraints de tailler les haies eux-mêmes, faute d'avoir les moyens de payer un cantonnier, ils dépannent eux-mêmes leurs concitoyens, mettent les mains dans la peinture lorsqu'il faut refaire la salle des fêtes. Ce travail dévoué à la réalité administrative locale est incompatible avec les fonctions de législateur, d'enquêteur et de contrôleur qui sont attribuées par la Constitution aux parlementaires.

Le cumul des mandats et des fonctions est donc une tromperie sur la marchandise en ce qu'il empêche les parlementaires de contrôler notamment l'activité de l'administration et du gouvernement, en ce qu'il déséquilibre les pouvoirs en faveur de l'exécutif, et nuit au prestige, à la beauté et la noblesse de la fonction parlementaire que les électeurs ont bien voulu leur confier.

C'est une situation singulière dans les démocraties occidentales. En Belgique, la Constitution interdit le cumul du mandat de membre d'un conseil local avec celui de membre de l'une des deux assemblées. Et c'est une loi de 1921 qui a organisé les bases de cette interdiction. En Espagne, la Constitution interdit elle-même le cumul entre le mandat parlementaire et celui d'une assemblée de communauté autonome. En Italie, la Constitution a également organisé elle-même l'interdiction. Il en est de même en Grèce et au Portugal. Aux États-Unis, la Constitution a attribué à chaque Chambre le soin de vérifier que l'élection d'un parlementaire au Sénat ou à la Chambre des représentants n'est pas sujette à des conflits d'intérêt en raison d'un mandat que celui-ci détiendrait dans les institutions locales. Les deux Chambres se sont toujours opposées au cumul d'un mandat au Congrès avec celui de gouverneur ou membre de l'Assemblée d'un État fédéré, considérant que le conflit d'intérêt est réalisé. Dans tous les cas, le contrôle par la Chambre au moment de l'arrivée de l'un de ses membres détenteur d'un mandat local fait l'objet d'une jurisprudence tatillonne et d'inspiration restrictive [1]. Quant à la Grande-Bretagne et à l'Allemagne, la question des conflits d'intérêt liés au cumul des mandats ne s'est jamais posée, puisque ces pratiques sont très minoritaires et exceptionnelles.

La Nation et la population ont donc besoin d'élus à plein temps et non d'élus locaux cherchant des fonctions et des indemnités d'appoint. Car les pratiques de cumul tiennent au fait que les élus locaux ne sont pas suffisamment indemnisés pour leur fonction. À défaut de disposer d'un statut, ceux-ci recherchent les appointements confortables du parlementaire, 34 000 francs par mois.

Les adversaires de la limitation du cumul des mandats ont toujours exposé que le député sans mandat local perdait l'enracinement dans le terrain qui l'avait élu.

1. Bernard Roman, *La Fin du cumul des mandats*, Bruno Le Prince éditeur, 2000.

Cette affirmation est gratuite et gravement inexacte. Un député qui travaille correctement répond à toutes les lettres, reçoit sans rendez-vous comme un médecin de campagne, rencontre toutes celles et tous ceux qui veulent s'adresser à lui, et refuse rarement les invitations en raison précisément de la disponibilité que lui offre l'absence de toute autre fonction.

La vérité du débat sur le cumul des mandats se situe bien ailleurs. Le mandat local constitue souvent une assurance tous risques contre les défaites et le chômage politique. L'électeur a plus de peine à désavouer un élu local qu'il contrôle et apprécie, bien qu'il incarne et représente ce qu'il souhaite condamner dans le scrutin législatif. Voilà pourquoi il est aujourd'hui impensable d'obtenir des parlementaires, députés et sénateurs, l'abandon spontané du cumul des mandats et des fonctions électives. Parce qu'ils savent qu'ils signeraient là un affaiblissement irréversible à l'égard du corps électoral. Telle est la raison de l'échec de la réforme du cumul des mandats que le gouvernement Jospin a engagée devant le Parlement. Les sénateurs ont fait barrage de leur corps pour empêcher cette réforme et ont refusé aux députés, alors que leur accord était nécessaire, l'application de la restriction du cumul des mandats. Les députés, dont certains appartenaient à la majorité, ont beaucoup espéré de la résistance corporatiste de leurs collègues sénateurs. Dans la défense de leurs intérêts communs, ils se sont envoyé des messages d'amitié et de soutien dans l'épreuve.

Cette réforme n'a donc pas eu l'ampleur attendue, et sera sans effet sur le fonctionnement du Parlement. Le député sera toujours maire ou président de conseil régional, ou président de conseil général. Une réforme qui interdirait aux parlementaires d'exercer toute autre fonction ne pourra triompher qu'en allant rechercher le soutien populaire par la voie référendaire en enjambant le corporatisme des élus locaux surreprésentés à l'Assemblée nationale et au Sénat.

Un député sans autre mandat se trouverait dans une position nouvelle, ressemblant à l'intérimaire dans une entreprise privée, au titulaire d'un contrat à durée déterminée susceptible d'être rompu à chaque instant. Cette précarité nouvelle contraindrait les députés à exercer pleinement leur fonction de contrôle sur la politique gouvernementale et sur l'administration. Elle renforcerait sans délai le prestige et le respect dus au Parlement et à ses parlementaires. Elle offrirait aux citoyens une garantie qu'aujourd'hui ils n'ont guère l'occasion de trouver auprès de leurs représentants à l'Assemblée nationale, la certitude de disposer des moyens d'infléchir les orientations politiques nationales, de transformer l'état de la société et d'organiser sous ses yeux le contrôle permanent des autres pouvoirs.

C'est donc au prix de l'instauration du mandat unique et exclusif pour les parlementaires que les citoyens pourront retrouver la confiance égarée dans des institutions qui se sont tant éloignées du cœur et de l'esprit de nos concitoyens.

La justice des castes et des clans

> « Je dénonce à la conscience des honnêtes gens cette pression des pouvoirs publics sur la justice du pays. Ce sont là des mœurs politiques abominables qui déshonorent une nation libre. »
>
> Émile Zola, 1898

La justice, ses pompes et ses œuvres sont aussi peu aimées que le Parlement et ses parlementaires. Mais elles inspirent davantage de crainte.

Les citoyens de notre belle république sont pris de tremblante lorsqu'ils doivent poser un pied sur le parquet grinçant des salles d'audience des palais de justice. Les voici qui perdent leurs moyens, bafouillent, préfèrent ne pas trop en dire devant la robe noire, ces rangs d'hermine, toges et épitoges, ces costumes et ces rites issus de l'ancienne monarchie.

Ils n'ont pas tort. La justice n'est guère juste. Et elle sait organiser délibérément l'arbitraire lorsqu'on le lui demande. Si vous voulez des preuves d'une telle évidence, il suffit de se baisser pour les ramasser.

C'était il y a à peine plus de deux ans, dans la bonne ville de Beauvais, estimable préfecture de l'Oise. Un notable du ressort, M. Jean-François Mancel, qui occupait les fonctions de secrétaire général du parti du président de la République, avait été convaincu d'avoir, selon les constatations des magistrats indépendants de la chambre régionale des comptes de Picardie, utilisé les deniers publics du conseil général de l'Oise, dont il était le président, à des fins strictement personnelles pour l'acquisition régulière dans un ou plusieurs supermarchés de produits destinés à sa vie quotidienne, pour un montant total de 1 400 000 francs.

Le procureur de la République du lieu, dans l'exercice de ses pouvoirs, et dans ce que les spécialistes judiciaires appellent « l'opportunité des poursuites » et qui autorise le plus légalement du monde, sans contrôle, sans appel, sans aucune responsabilité corrélative, à poursuivre ou à ne pas poursuivre, selon des critères qui n'obéissent qu'à sa conscience, à ses inclinations, à ses caprices s'il en a, ou aux pressions s'il en fait l'objet, avait décidé de ne pas poursuivre M. Mancel, à la condition que celui-ci remboursât la somme de 400 000 francs, somme arbitrairement fixée par le parquet de Beauvais.

Peu auparavant, une mère de famille d'un autre département avait volé pour quelques centaines de francs de viande, elle aussi dans un supermarché, se trouvant semble-t-il placée dans l'état de nécessité de nourrir ses propres enfants. Le procureur du lieu n'avait pas dû réfléchir plus d'une minute avant d'engager les poursuites et d'envoyer en correctionnelle la mère de famille aux valeurs morales déficientes, pensant ainsi devoir protéger un ordre public perturbé par un acte aussi peu civique. Le tribunal, écoutant la défense de la jeune femme, l'avait absoute, considérant comme recevable et vérifié l'état de nécessité dans lequel elle se trouvait. Le même procureur qui avait poursuivi cette mère délinquante, n'écoutant que sa conscience et son devoir de défenseur de l'ordre public, fit appel et obtint enfin la condamnation de la jeune mère devant la cour d'appel.

Les citoyens de notre république auraient peut-être voulu, à l'aune de cette misérable histoire de la chronique judiciaire quotidienne, savoir pourquoi un dignitaire – ex-secrétaire général d'un grand parti, président d'un conseil général, et homme doué d'une exemplarité qu'une mère indigente ne semble pas avoir – n'est pas poursuivi pour avoir utilisé l'argent public à des fins personnelles, et ce dans des proportions qu'un ouvrier est incapable d'épargner en une vie de labeur ? Quelle est la justification judiciaire, morale ou politique d'une telle faveur ? Pour un juriste, il s'agirait plutôt d'un privilège ; pour un moraliste, d'une injustice ; pour celui qui a du bon sens, d'un acte tiré des annales les plus caricaturales de la justice de caste ou de classe. À l'élite, aux élus, le remboursement du produit de leurs forfaits ; au peuple, aux sans-grade, aux inconnus, la correctionnelle, le déshonneur, l'emprisonnement peut-être ou sûrement.

De tels exemples se produisent et se reproduisent chaque semaine dans de nombreux parquets de France. C'est même devenu une tradition judiciaire chez les procureurs habitués aux cérémonies officielles et aux apéritifs mondains de croiser celui des notables locaux qu'ils n'oseront pas faire poursuivre ou faire mettre en examen. Il pourrait être – qui sait – l'homme qui vous ferait avoir le mérite national, la Légion d'honneur ou la promotion manquante. Remboursez le produit de vos forfaits, messieurs, je me charge d'éviter les conséquences d'une procédure fâcheuse !

Quelle est cette curieuse reconstitution dans le cœur battant de la république, là précisément où l'idée d'égalité devant la loi a le sens le plus aigu, de ces privilèges répressifs et pénaux, que les innombrables révolutions ont mis des années à effacer ? Aux justiciables ordinaires l'exemplarité des sanctions, aux puissants notables la douceur des petits accommodements hypocrites.

Il faut relire les cahiers de doléances des états généraux de 1789, conservés aux Archives nationales, rédigés peu avant que « l'énergie de l'insurrection entrât dans les cœurs [1] ». L'exaspération y est partout présente, dans la paysannerie et la petite bourgeoisie, à l'égard des infractions commises par les gens du roi, les aristocrates restés impunis, magnifiques incarnations judiciaires des splendeurs du privilège antérévolutionnaire et antidémocratique.

Deux cents ans après leur abolition formelle, la question de leur maintien pratique et factuel est toujours posée.

Citoyens français d'aujourd'hui, perdus dans le labyrinthe judiciaire, qui attendez des années vos jugements sans comprendre, qui entretenez à grands frais ces innombrables professions judiciaires à rente – huissiers, notaires, avocats, experts, avoués –, et vous tous qui un jour avez été broyés dans vos vie ou dans vos intérêts, quelle explication la République pourra-t-elle vous donner face à la reconstitution de tels privilèges répressifs ?

Il faut se tourner résolument en arrière et sonder ce puits obscur dont l'institution judiciaire n'est pas encore sortie pour comprendre jusqu'où il faut la hisser pour

1. La formule est de l'abbé Sievès.

qu'elle devienne à son tour la justice de la République, s'exprimant enfin au nom du peuple français.

C'est Jacques Charpentier, bâtonnier contesté des avocats de Paris pendant l'Occupation et résistant, illustre parmi les défenseurs des libertés et les combattants des prétoires, qui a le mieux résumé cette question : « La justice est une chose. La politique en est une autre. Par justice, on entend généralement un principe supérieur aux puissances temporelles – et indépendant de leurs variations – considéré jadis comme un attribut de la divinité. Laïcisé, il a continué à s'imposer, comme un impératif auquel les hommes, les gouvernements et les juges sont tenus de se conformer.

« La politique, ou art de gouverner, obéit à des préoccupations différentes. Il peut arriver que le souverain se propose de faire régner la justice dans ses États. C'est le rôle que la tradition prêtait aux rois de France et que symbolisait l'image populaire de Saint Louis sous son chêne. En fait les chefs d'État poursuivent de tout autres desseins : la défense du sol national, la conquête de nouveaux territoires, ou l'enrichissement de leurs sujets, ou la domination d'une caste, ou le triomphe d'une religion, ou seulement la défaite de leurs adversaires et l'établissement du pouvoir absolu. Le plus souvent ce programme est injuste et, même quand il ne l'est pas, il ne peut être réalisé sans de fréquentes injustices. Il y a donc sous tous les régimes, et plus particulièrement sous les régimes autoritaires, opposition entre la justice et la politique.

« Comment résoudre ce conflit ? La solution la plus simple, quand le pouvoir est assez fort, c'est de mettre la justice sous le boisseau. On se passe d'elle. Si un adversaire devient encombrant, on le supprime. Ainsi du duc de Guise. À ce système se rattache la liquidation par Hitler de Röhm et de ses anciens compagnons de lutte, l'exécution des officiers qui avaient collaboré au complot dirigé contre sa personne, ou encore les Massacres de septembre, les fusillades d'Alger le 26 mars 1962, ou le sac de Bab el-Oued ou celui d'Oran par les CRS. Mais ces procédés sommaires ont mauvaise réputation et laissent de fâcheux souvenirs. Aussi le plus souvent le souverain s'applique-t-il à justifier ses actes. Il s'entoure de légistes chargés de démontrer qu'il a raison, il confie à des tribunaux le soin d'éliminer ses ennemis. Si ceux-ci n'ont pas commis de fautes, on leur en prête. On peut même organiser des attentats qu'on leur impute, comme l'incendie du Reichstag. Et s'ils en ont commis, on leur applique des peines disproportionnées qui les réduisent à l'impuissance. Ainsi, justice et politique semblent réconciliées. Les actes purement politiques sont couverts par une apparence de justice [1]. »

Voici donc parfaitement énoncée la maladie congénitale, la malformation génétique de notre justice : elle est restée la créature du pouvoir exécutif dont elle est ouvertement ou secrètement destinée à servir les intérêts. Elle est la côte chétive d'Adam au pouvoir, dont le dédoublement n'a jamais pu être consommé.

Il faut faire défiler devant nous les images scandaleuses de la permanente compromission de l'institution judiciaire dans les intérêts du pouvoir. Pendant des siècles, on a dénié le droit pour mieux habiller la force.

1. Préface de Jacques Charpentier à *J'ai choisi la défense* de Jean-Louis Tixier-Vignancour, La Table Ronde, 1964.

On a refusé la loi aux justiciables qui la réclamaient à juste titre, puisque c'était la leur, leur bien le plus cher en République.

C'est évidemment l'ancienne monarchie qui fut orfèvre et créatrice en matière de justice aux ordres du régime. Pour se débarrasser des encombrants, des hérétiques, des opposants ou des réticents, on créa des juridictions spéciales, des commissions extraordinaires composées selon les vues du prince.

Pour brûler du protestant, Henri II créa la chambre ardente. Pour en finir avec son surintendant des Finances, Fouquet, Louis XIV prit un édit particulier créant pour l'occasion une chambre de justice composée du plus grand nombre possible d'ennemis personnels de l'accusé [1]. Exaspérés par l'impartialité du président de la chambre, Colbert, au nom du roi, le remplaça par un de ses hommes aux ordres, pendant le cours même des débats. La chambre de justice créée sur mesure pour Fouquet disparaîtra quatre ans plus tard.

On pouvait espérer que les premiers républicains inventeraient une autre justice, détachée des us et coutumes de la monarchie qui avait inventé la confusion des deux pouvoirs. C'était l'occasion historique de séparer définitivement ces pouvoirs, celui de gouverner et celui de juger, que les Anglais ont su instaurer bien avant la Révolution française, au sein même de leur monarchie, et en se contentant, pour unique tribut, d'une tête royale coupée.

Il n'en fut rien, malheureusement.

Les députés de la Constituante durent faire face aux réactions corporatistes des 70 000 juges seigneuriaux qui

1. Paul Morand, *Fouquet ou le soleil offusqué*, N.R.F., 1961.

jappaient comme les caniches de la royauté, et durent prendre, le 3 novembre 1789, à juste raison, ce décret si délicatement formulé qui ménage les apparences : « Tous les parlements continueront de rester en vacances et ceux qui seraient rentrés reprendront l'état de vacances. » Mais les juridictions régulières formées en remplacement de celles qui avaient refusé la république se montrèrent incapables de défendre la révolution contre les assauts de ses nombreux ennemis de l'extérieur et de l'intérieur.

Danton proposa et obtint de la Convention l'institution d'un tribunal extraordinaire qui serait saisi de « toutes les entreprises contre-révolutionnaires », composé de juges, d'un accusateur public, nommés par les députés de la Convention eux-mêmes. Lorsque, devant la Convention, Georges Danton exige, pour « le salut du peuple », « de grands moyens et des mesures terribles », une voix anonyme que le logotachygraphe n'a pas identifiée lança dans la multitude : « Tu agis comme un roi ! » Danton répondit à son interrupteur : « Et moi je dis que tu parles comme un lâche ! » Le courage de cette époque était déjà, triste ironie, de ressembler au régime que l'on venait d'abattre. C'est à ce moment précis que la Révolution a repris les moyens odieux et les forfaitures de la monarchie qu'elle avait combattus et contre lesquels elle avait voulu dessiner la supériorité de l'idéal républicain. Il n'en restera, sur le plan judiciaire, que l'image sanglante de la Terreur. La loi des suspects confia le triage et le jugement des justiciables à des commissions populaires. L'assistance de l'avocat et l'audition des témoins furent supprimées pour les besoins de la Révolution.

L'histoire des relations entre l'institution judiciaire et le pouvoir politique est l'histoire de ces intrusions multiples, grossières et violentes, ou hypocrites et déguisées, dans le cours de la justice.

Le Premier Consul Bonaparte donna de ces pratiques une version noire et burlesque. Désireux de démontrer le complot des monarchistes contre sa personne pour préparer l'esprit public à l'instauration brutale de l'Empire, il rédigea lui-même le billet donnant les ordres qui organisaient les « formalités » du jugement et de la condamnation à mort du duc d'Enghien, un Bourbon illégalement enlevé en territoire étranger. Le beau-frère du Premier Consul nomma les membres du tribunal chargés de juger le prévenu sans désemparer. La tombe fut creusée avant la sentence. Les juges, choisis pour leur inculture et leur servilité, prononcèrent la mort, non sans que l'arrêt laissât en blanc le texte d'une loi que ces juges ignoraient. Mais l'arrêt portait bien que l'exécution devait avoir lieu « de suite ». Le Premier Consul dira, devenu empereur : « C'était un sacrifice nécessaire à ma sécurité et à ma grandeur [1]. »

Le Second Empire, tenu par un autre Bonaparte, reprit et perpétua les mêmes tristes habitudes. Elles prenaient des apparences moins sanglantes, mais tout aussi scélérates. La justice restait un instrument entre les mains velues du tyranneau. Écoutez Léon Gambetta, jeune avocat de trente-deux ans, s'élançant contre le régime qui poursuivait un journaliste accusé « d'avoir lancé une souscription en vue d'élever un monument à la mémoire d'un député mort en défendant la République le 3 décembre 1851 », jour du coup d'État de

1. Jacques Bainville, *Napoléon,* Fayard, 1931.

Louis Napoléon Bonaparte : « Un pareil procès a-t-il jamais été agité à aucune époque parmi les hommes ? Non ! Jamais ! Remontez jusqu'aux temps d'Athènes, jusqu'aux temps de Rome, cherchez s'il y a jamais eu un procès comparable à celui dont vous êtes saisis. Quant à moi, je le dis avec toute l'énergie des forces qui vibrent dans mon être, j'ai beau interroger mes souvenirs, interroger l'histoire, jamais, non jamais, je n'ai rencontré un pareil duel entre le droit et le despotisme, entre la loi et la force, jamais je ne les ai vus si ouvertement ni si injustement aux prises dans cet éternel drame dont se compose l'humanité [1]. »

Ce républicain passionné sous le Second Empire invoque la recherche impérieuse du droit et de la loi contre la force et la manipulation politique de la justice.

Toute l'histoire de la justice française est ainsi faite de ces scélératesses brutales ou subtiles en provenance du pouvoir exécutif. Ces deux pouvoirs seront à jamais confondus, hélas.

Et les républicains les plus exigeants et les plus imprégnés de l'idée démocratique que représente la protection des citoyens contre l'arbitraire échoueront à jamais à séparer pour toujours ces deux pouvoirs. La gauche des républicains de la deuxième législature, après l'instauration de la République de 1875, s'y essaya, Georges Clemenceau en tête. À la tribune de la Chambre des députés les 22 et 23 janvier 1883, pendant deux jours et deux nuits, ils défendirent jusqu'à s'époumoner, avec une passion extraordinaire, l'élection des juges.

1. Daniel Amson, *Gambetta ou le rêve brisé*, Tallandier, coll. Figures de proue, 1994.

« Les juges inamovibles sont condamnés par l'opinion. Dans l'histoire nous voyons les uns s'abandonner à leur passion politique et discréditer la justice, et les autres dégoûter – permettez-moi ce mot – les justiciables par leur servilité envers le pouvoir. Oui, l'histoire condamne tout d'une voix la magistrature de l'An VIII et celles des monarchies qui se sont succédé en France ; elle proclame que cette magistrature, loin de donner aucune garantie aux justiciables, s'est faite la complice du pouvoir exécutif pour opprimer les citoyens. (...) Les faits de cette sorte sont innombrables, notre histoire en est encombrée ; ils montrent que cette magistrature inamovible qui donne toute garantie au pouvoir contre les citoyens ne donne aucune garantie aux citoyens contre les usurpations du pouvoir. (...) Monsieur le garde des Sceaux a soutenu cette théorie extraordinaire que j'ai entendue pour la première fois de la bouche d'un républicain – que le pouvoir judiciaire pouvait être délégué au pouvoir exécutif. Monsieur le garde des Sceaux, vous savez bien que c'est la même chose et si le peuple dans son ensemble a le droit de déléguer le pouvoir judiciaire à l'exécutif, voulez-vous me dire pourquoi il ne pourrait pas lui déléguer aussi le pouvoir législatif, il n'y a pas de raison pour que le peuple dans votre théorie ne puisse aliéner l'intégralité de son pouvoir aux mains d'un maître. Voulez-vous que je vous dise toute ma pensée ? Je redoute par-dessus toute chose l'aliénation du pouvoir judiciaire aux mains de l'exécutif. Donnez-moi un bon juge, un juge indépendant, un juge qui puisse se défendre et me défendre contre les empiétements du pouvoir exécutif, et je ferais respecter mon droit, ma liberté. La nomination des juges par le pouvoir exécutif mène fatalement à l'oppression du citoyen. L'élection, c'est la garantie du citoyen contre l'oppression du pouvoir. »

Il s'en fallut de peu pour que la république engendrât ce troisième pouvoir, rendu autonome, indépendant et responsable par l'élection au suffrage universel et la responsabilité devant le corps électoral. Deux cent vingt-quatre voix pour, deux cent soixante-quatorze contre. Le *Journal officiel* des débats mentionne qu'un député s'écria après l'annonce des résultats du scrutin : « C'est un suicide ! » Il n'avait pas tout à fait tort.

Nous vivons aujourd'hui sur cet échec, et le dégoût des justiciables que décrivait Georges Clemenceau il y a cent vingt ans est toujours le même. D'affaires en affaires, de scandales en scandales, l'histoire de la manipulation de la justice par le pouvoir politique se poursuit avec légèreté et allégresse. En 1914, à la tribune de la Chambre des députés, Aristide Briand, garde des Sceaux embarrassé, faisait l'aveu suivant : « Ah ! La magistrature manque d'indépendance ? Ce procureur sous sa robe rouge et son hermine n'a pas eu la conscience assez haute pour résister ? Mais que se passe-t-il donc dans ce ministère ? J'y suis allé dans les ministères, et dans celui de la Justice. La nomination de ces magistrats, leur avancement, leur carrière, leur vie est toute entre nos mains [1]. » Il y eut les petites scélératesses de l'affaire Stavisky, escroc faiblement poursuivi par un procureur qui craignait avant tout de voir son enquête déboucher sur le ministre qui avait fait sa carrière.

1. Jean-Noël Jeanneney, *L'avenir vient de loin*, Seuil, 1994.

La Ve République a traité les juges comme des militaires. L'assassinat du prince Jean de Broglie [1], ancien ministre du général de Gaulle, financier de la croissance du parti du président Giscard d'Estaing, donna lieu à une enquête manipulée par le ministre de l'Intérieur lui-même, qui, averti par avance du crime qui se préparait, a préféré le laisser se commettre, puis donné ordre aux policiers de la hiérarchie de dissimuler une partie de l'enquête qui risquait de mettre en cause des personnalités d'un autre plan. La justice, dans cette affaire, ne fut qu'une curieuse scène pour marionnettistes.

La mort suspecte en 1979 du ministre du gouvernement Raymond Barre, Robert Boulin, que l'institution judiciaire a passivement refusé d'élucider, donne la mesure de l'impossibilité d'imposer dans un régime démocratique le respect de la même loi pour tous.

Cette conception gravement inégalitaire de la justice a reconstitué au sein même de la république judiciaire, petite république fermée opérant à huis clos, ces privilèges de nature aristocratique combattus tout au long du siècle précédent : une loi privée est apparue à côté de la loi publique ; elle n'est pas celle de la République.

Ainsi, tous les gouvernements, jusqu'à la rupture de 1997, ont sans aucune exception utilisé les mécanismes leur permettant de bloquer les procédures pénales, d'empêcher les poursuites, de dévier le cours de la justice, d'avantager des carrières de magistrats ou en ont implicitement sanctionné d'autres parce que ces gouvernements y trouvaient quelque intérêt.

Henri Nallet, garde des Sceaux de François Mitterrand, a exposé quelques années après et de façon cir-

1. André Giresse, *Seule la vérité blesse*, Plon, 1987.

constanciée sa propre pratique interventionniste : « Le garde des Sceaux intervient peu et ne va qu'exceptionnellement à l'encontre de propositions que lui font les procureurs. S'il s'oppose à ce qu'on lui présente dans le traitement d'une affaire de quelque importance, il le fait alors à ses risques et périls. Le meilleur exemple de cette situation est l'affaire Urba de Marseille : la chancellerie et deux gardes des Sceaux successifs ont refusé l'ouverture d'une information judiciaire comme ils en avaient sans doute le pouvoir [1]. » L'ancien garde des Sceaux ajoutait : « Je serais bien surpris de voir un jour l'un de mes successeurs s'opposer, dans une affaire quelque peu difficile, à un rapport de son procureur. L'affaire Urba a sonné le glas d'une forme dépassée de l'action publique. »

Dans sa naïveté, Henri Nallet pouvait-il imaginer à quel point ce système de manipulation de la justice par le pouvoir politique pourrait reprendre vigueur après lui, après le retour de la droite néo-gaulliste aux affaires, parfaitement éduquée dans la tradition bonapartiste.

Je n'étais qu'avocat à cette époque. Deux mois auparavant, Alain Juppé venait d'être nommé Premier ministre. Je me souviens qu'il faisait chaud, nous devions être à la fin du mois de juin. Avant de s'assoupir pour l'été, les commentateurs du travail politique gouvernemental présentaient l'arrivée d'Alain Juppé à l'hôtel Matignon comme l'avènement de l'honnêteté. On le décrivait avec obséquiosité comme l'homme appuyé à sa droite sur la modestie, et à sa gauche sur la probité. Le linteau de la République reposait sur ces

1. Henri Nallet, *Tempête sur la justice*, Plon, 1992.

deux magnifiques cariatides. Citoyens, vous pouviez donc dormir sur vos deux oreilles.

Le Canard enchaîné dut publier ce joli mois de juin 1993 un document interne de la Ville de Paris portant la signature de l'homme intègre qui donnait ordre aux services de la Ville de Paris de diminuer le montant du loyer que son fils Laurent devait acquitter pour la location d'un appartement luxueux situé rue Jacob et relevant des propriétés discrètes du domaine privé de la Ville de Paris. Ce parc d'adresses prestigieuses servait aux dignitaires chiraquiens depuis plus de vingt ans, pendant que soixante mille personnes attendaient des logements à loyer modéré sur d'interminables listes d'attente qui provoquaient l'exaspération des Parisiens. Le fils de l'adjoint aux Finances n'aurait jamais dû obtenir un appartement de son père. Il s'agissait d'une infraction pénale grave consistant à utiliser des fonctions publiques à des fins personnelles ou familiales. Cette infraction, intitulée « prise illégale d'intérêts », est classée parmi les « atteintes à la probité » dans le Nouveau Code pénal. Elle est punie de cinq ans d'emprisonnement et de 500 000 francs d'amende.

L'avocat que je devins de l'Association de défense des contribuables parisiens s'interrogea avant d'agir sur la question de savoir s'il était si nécessaire de faire poursuivre un Premier ministre pour une infraction de cette nature. Pourtant, la loi doit être la même pour tous et, dans aucun pays doté d'un État de droit, cette question sous forme de réticence ne serait venue à l'esprit de quiconque. On aurait plutôt posé la question inverse, consistant à se demander pour quelle raison un homme capable d'une telle atteinte à la probité publique pouvait être nommé à de si hautes fonctions ! La prise illégale d'intérêts est, aux côtés de la concussion, du trafic d'influence et de la corruption, l'une des protections de la démocratie contre le dévoiement des finalités du système politique, qui s'appuie sur le désintéressement personnel et le dévouement à l'intérêt général. Le bien public n'étant pas susceptible d'appropriation privée, il doit rester un objet de débat permanent entre les participants à l'œuvre démocratique, qui ne peuvent en faire leur bien personnel. Ils peuvent en faire leur passion, jamais leur propriété. Tout ce qui mêlerait des intérêts personnels à l'action publique ne pourrait être que châtié [1]. Nous tenons là tous les symboles de l'affaire de l'appartement d'Alain Juppé en 1995. Celle-ci mettra à nu le système judiciaire français en ce qu'il est capable de sécréter injustice et arbitraire.

Alain Juppé, comme adjoint aux Finances, ne s'était pas contenté de modérer les loyers d'appartements de membres de sa famille, il s'était également octroyé un appartement pour lui-même, à un prix au mètre carré défiant la concurrence du quartier, et avait fait réaliser aux frais des contribuables plusieurs millions de francs de travaux dans l'ensemble des habitations occupées par sa famille et lui-même. Le faible montant des loyers ne permettait pas au propriétaire qu'est la Ville de Paris de retrouver dans un délai raisonnable le prix exposé par les contribuables pour l'accomplissement des importants travaux. L'Association de défense des contribuables parisiens saisit donc le procureur de la République de Paris, les conditions d'une infraction pénale grave étant

1. Pierre Lascoumes, *Corruptions,* Bibliothèque du citoyen, Fondation nationale des sciences politiques, 1999.

réunies. Je me souviens que nous avions procédé à des études approfondies de la jurisprudence, laquelle permettait de penser qu'il n'existait aucune échappatoire pour le procureur devant une infraction aussi manifestement constituée. Le Premier ministre à peine nommé fut ainsi sommé de s'expliquer publiquement. Jacques Toubon, garde des Sceaux en mission pour la protection des siens, s'exprima à la télévision en expliquant qu'à ses yeux « tout était légal ». La tradition d'immixtion reprenait immédiatement cours, trois mois après l'alternance. Plusieurs syndicats de magistrats réagirent aussitôt en rappelant que le garde des Sceaux n'était pas qualifié pour définir les conditions d'une infraction et dire si elle était constituée ou non. Alain Juppé dut aller s'expliquer piteusement à son tour à la télévision. Il exposa avec sérieux qu'il avait diminué le loyer de l'appartement octroyé à son fils en raison des risques de dérapage généralisé des loyers dans la ville de Paris. Il ajouta en outre qu'il était « droit dans ses bottes ». Le procureur de la République de la Ville de Paris était embarrassé par le dilemme auquel il devait faire face : soit ouvrir les poursuites contre le Premier ministre, ce qui le contraindrait probablement à la démission, soit classer sans suite l'infraction commise au risque de se déshonorer luimême. Le procureur Bruno Cotte était un haut magistrat qui attachait du prix à son indépendance. Mais il choisit de protéger le Premier ministre au prix de torturer la jurisprudence de la chambre criminelle de la Cour de cassation qui avait pourtant déjà condamné des élus ayant, dans le cadre de leurs fonctions, rendu service à leurs propres enfants. C'était même, comme le disent souvent les spécialistes du droit, une jurisprudence constante. Après le privilège locatif que s'était octroyé Alain Juppé, voilà qu'il entrait dans le club très fermé des bénéficiaires de privilèges judiciaires.

L'Association de défense des contribuables parisiens décida de poursuivre ce combat républicain. Elle sollicita plusieurs maires de la région parisienne. Ceux-ci posèrent la question par l'absurde de savoir si, en tant que président par exemple d'un office HLM, ils pourraient à leur tour diminuer le loyer spécialement au profit d'un de leurs enfants, fils ou fille, qui ferait la demande d'un appartement à loyer encore plus modéré que celui acquitté par les habitants de ces logements. La question fut posée au Service central de prévention de la corruption, spécialisé dans le conseil aux élus locaux sur les questions de corruption et d'enrichissement personnel. Ce service avait été créé par Pierre Bérégovoy, rattaché auprès du ministère de la Justice, dirigé par un procureur général ayant toutes les garanties de compétence. Il annonça sa réponse pour la fin de l'été. Chacun patienta donc.

Chaque année, les cent vingt-deux procureurs de France, ou leurs substituts, prennent sept cent cinquante-trois mille décisions de classement sans suite pour des infractions dont les auteurs sont pourtant connus. La plupart d'entre elles ne sont jamais motivées, rarement notifiées au plaignant ou au dénonciateur. Le pouvoir d'engager ou de ne pas engager les poursuites, c'est-à-dire d'assurer l'impunité ou l'application de la loi dans les mêmes conditions pour chacun des citoyens de la République, est exercé sans appel et sans contrôle. C'est, là encore, ce que les spécialistes appellent, expression assez incompréhensible, « l'opportunité des poursuites ». Ces procureurs, nommés par le gouvernement, décident seuls, en opportunité, ce qu'il est bon ou mauvais de poursuivre. Dans cette affaire Juppé, nous nous trouvions exactement dans la même situation que des centaines de milliers de nos concitoyens confrontés au silence du parquet, parfois à son mépris pour le justiciable ou le plaignant, alors considéré comme un importun, ou à l'injustice du ministère public contre laquelle il n'existe aucun recours.

La veille de la publication attendue de l'avis que devait rendre le Service central de prévention de la corruption, le procureur général Challe, placé à la tête de ce service, fut convoqué par le directeur de cabinet du garde des Sceaux de l'époque, Jacques Toubon. Ce directeur de cabinet n'était autre que l'ancien directeur des affaires juridiques de la Ville de Paris à l'époque où Jacques Chirac en était encore maire. Le directeur de cabinet, Alexandre Benmakhlouf, exigea que le procureur général placé à la tête du Service central de prévention de la corruption ne rende pas son rapport. Ce directeur de cabinet, préposé aux bonnes œuvres du chiraquisme, en appela, avec la violence douce des intimidations mondaines, au sens du devoir de ce magistrat. Selon lui, il fallait préférer les intérêts du pouvoir à la force éternelle de la loi et du droit. L'entrevue s'éternisa. Le procureur général Challe montra les premiers signes de faiblesse. Il préféra proposer sa démission. Benmakhlouf la refusa et poursuivit sa demande d'abandon de la publication du rapport. Il proposa même des compensations. Il sentit son interlocuteur désemparé devant des procédés dignes des années Bonaparte. Le procureur général Challe partit silencieux. Benmakhlouf rendit compte au garde des Sceaux Toubon, lequel s'engouffra dans la brèche et fit publier un communiqué dans lequel il annonçait la démission du procureur général Challe, qu'il n'avait pourtant pas obtenue puisque refusée. Le temps, environ vingt minutes, correspondant au trajet du procureur entre son bureau avenue Pierre Ier-de Serbie et la Chancellerie, Benmakhlouf alerta la presse qui surgit en meute dans le hall marbré et silencieux du Service central de prévention de la corruption. Le procureur général rentré dans ses pénates découvrit ainsi qu'on l'avait démissionné. L'ensemble de ses collaborateurs, informés de la nouvelle, demandèrent des comptes à leur chef. Celui-ci confirma qu'il avait proposé sa démission plutôt que de renoncer à faire son travail, et qu'elle avait été refusée. Il constatait qu'on l'avait démissionné, mais que puisqu'on le forçait ainsi, il jetait le gant et ne démentirait point. Ses collaborateurs firent corps comme une garde républicaine exaltée et démentirent à la place de l'homme humilié. L'un des fonctionnaires du service cita même Churchill : « Vous vouliez éviter la guerre au prix de la honte, vous aurez la honte, et la guerre. » Le rapport rendu le lendemain par le Service central de prévention de la corruption fut accablant pour Alain Juppé et pour le procureur de la République qui avait préféré protéger celui-ci contre les poursuites. Il n'est pas inutile de préciser qu'aujourd'hui l'ex-procureur général Challe moisit à la Cour de cassation et que l'ancien directeur de cabinet de Jacques Toubon, Alexandre Benmakhlouf, occupe l'un des plus hauts postes à caractère stratégique de l'institution judiciaire. Il est procureur général de la cour d'appel de Paris. Grâce à cette nomination que Jacques

Toubon et Jacques Chirac ont décidée avec soin, l'ancien militant politique, directeur des affaires juridiques de la Ville de Paris, surveille et traite directement des affaires de la Ville de Paris qui pourraient mettre en cause ses anciens maîtres. La République est décidément bonne fille.

L'Association de défense des contribuables décida en conséquence de saisir une nouvelle fois le procureur sur la base de l'avis rendu par le Service central de prévention de la corruption, mais également de faits nouveaux faisant apparaître qu'Alain Juppé n'avait pas seulement octroyé à son fils un appartement au loyer modifié par ses soins, mais qu'il s'était octroyé un appartement à lui-même après avoir effectué de gigantesques et luxueux travaux. Peut-être s'étonnera-t-on de la constance avec laquelle l'Association de défense s'est employée à défendre les contribuables parisiens. Il est vrai que le rituel de la dénonciation journalistique n'avait jamais modifié les comportements en la matière. La position des contribuables parisiens organisés en association était novatrice, elle consistait à provoquer systématiquement l'engagement de la responsabilité pénale en présence d'une infraction. Pourtant, malgré ces efforts, l'échec fut une nouvelle fois à l'ordre du jour. L'ensemble des infractions pénales qu'elle a contribué à faire poursuivre, malgré l'inertie du parquet, devait cependant conduire plus tard à la vente aux enchères publiques du domaine privé de la Ville de Paris, jusqu'à présent réservé aux dignitaires de la ville.

Ainsi saisi une nouvelle fois, le procureur de Paris ne pouvait plus s'exposer davantage en empêchant les poursuites. Pourtant, ce haut magistrat choisit la solution la plus protectrice : il se contenta de prier Alain Juppé de « faire cesser l'infraction » et de déménager. Voici comment était libellée la lettre que je reçus, morceau d'anthologie du privilège judiciaire :

« À ce stade de l'enquête, il m'est apparu, au terme d'une analyse très approfondie de la doctrine comme de la jurisprudence susceptibles de s'appliquer à ce cas précis, que les conditions de location des logements occupés par M. Alain Juppé, rue Jacob, pouvaient tomber sous le coup des dispositions de l'article 432-12 du code pénal réprimant la prise et la conservation illégales d'intérêts.

« L'article 40 du code de procédure pénale me conférant le pouvoir d'apprécier la suite à donner aux plaintes et aux dénonciations que je reçois, j'ai cependant décidé, pour des raisons d'opportunité qui me sont propres, de ne pas prendre l'initiative d'exercer des poursuites pénales.

« Cette décision de classement suppose cependant, en ce qui concerne M. Alain Juppé, qu'il soit rapidement mis fin à la prise d'intérêts intervenue.

« Aussi lui ai-je écrit pour lui enjoindre de quitter les logements qu'il occupe rue Jacob avant la fin de l'année 1995 et de me justifier de l'exécution de cette condition dès qu'elle sera satisfaite.

« Ce classement doit également s'inscrire dans le cadre, plus vaste, d'une politique pénale de prévention ayant pour objectif de rappeler à la Ville de Paris certaines de ses obligations.

« C'est pourquoi j'ai également écrit au maire de Paris pour appeler avec insistance son attention sur le risque de poursuites pénales auxquelles s'exposeraient les élus ou fonctionnaires de la Ville, locataires de son domaine privé, qui, se trouvant dans une situation analogue à celle de M. Alain Juppé, ne se mettraient pas eux aussi d'urgence en conformité avec les textes en vigueur.

« De même lui ai-je demandé de rappeler à leurs obligations et à leur mission de conseil des élus parisiens les diverses structures juridiques de la Ville de Paris, qu'elles relèvent du cabinet du maire ou des services de la mairie, comme les responsables de la direction de la Construction et du Logement, les dispositions de l'article 431-12 du code pénal ne pouvant plus, à l'avenir, être méconnues par les services compétents de la capitale. »

Ce type de classement sous conditions fut une première, elle fit de nombreux enfants dans l'ensemble des parquets de France. À Paris, Alain Juppé ne remboursa jamais les 423 000 francs dus aux contribuables, somme constituant le préjudice que l'Association avait chiffré, et pour lequel elle envoya un huissier à l'hôtel Matignon. Il en est encore aujourd'hui redevable. Deux autres dignitaires de la Ville de Paris, Robert Pandraud, ancien ministre, et Camille Cabana, ancien secrétaire général de la Ville, ont bénéficié pendant de longues années de domestiques mis à leur disposition gratuitement. La dénonciation au procureur de l'utilisation abusive de moyens publics a amené les intéressés à rembourser spontanément les caisses publiques municipales.

Le procureur de Paris qui avait pris ces décisions pourtant clémentes et merveilleuses de passe-droits au profit d'Alain Juppé apprit sa mutation, décidée d'office par le garde des Sceaux Jacques Toubon, dans la presse. Il s'en alla s'ennuyer ferme à la chambre criminelle de la Cour de cassation, cimetière des indésirables.

Le garde des Sceaux fit nommer à sa place un homme docile dont la tâche consisterait à empêcher le développement en métastases des enquêtes judiciaires sur les malversations commises à la Ville de Paris. Gabriel Bestard fut à la hauteur de cette tâche. Il fut un excellent sous-préfet judiciaire, toujours au garde-à-vous quand il le fallut et sans aucun état d'âme dans l'accomplissement de sa mission de protection des proches du pouvoir.

À cette époque, il fut découvert que le fils du maire de Paris Jean Tibéri s'était fait octroyer un appartement à loyer modéré de l'office HLM de la Ville dont son père était le président. Pendant qu'il louait à loyer modéré un appartement de l'OPAC, ce fils prodige, propriétaire d'un autre appartement, louait celui-ci à prix fort sur le marché. Moralement indéfendable, politiquement désastreux, judiciairement accablant. Le procureur classa pourtant sans suite. Se moquant des commentaires, il aura au passage déshonoré sa robe de magistrat.

C'est au même moment pourtant que le même procureur demandait invariablement à ses substituts, sur injonction du garde des Sceaux de l'époque, de requérir dans les chambres de comparution immédiate trois mois de prison ferme pour tout étranger en situation irrégulière qui n'aurait commis aucun autre délit que celui d'être en situation irrégulière sur le territoire. Trois mois fermes pour ceux-là. Mais classement sans suite pour les grands dignitaires malhonnêtes de la Ville de Paris.

Voilà dans quelle caricature nous étions perdus en 1997. Victor Hugo le poète aurait pu faire encore donner ses vers :

Les hommes préposés à cette forfaiture
Qu'on nomme en France loi, code et magistrature,
Prêts, devant qui les paie, à fléchir le genou,
Jetant au cabanon quiconque vole un sou,
Mais souriant devant un trône qu'on dérobe...

Quel crédit les justiciables ordinaires, bons citoyens de notre république, peuvent-ils mettre dans une institution aussi faiblement républicaine ?

C'est sous le Second Empire que Victor Hugo écrivit ces vers trempés dans la bile noire, qui dépeignaient avec violence les mœurs de la magistrature :

Un tas d'hommes, à jupes rouges
Plus vils dans leur sénat qu'un forçat dans son bouge
Traîtres hideux du temple indigné de la loi
Place où la république est rampant sous le roi
Cul-de-jatte du droit dont la griffe est impure
Et dont la conscience incurable suppure,
Abjects et sinistres robins
Jésuites que d'un signe on ferait jacobins
Durs comme le granit, souple comme les joncs
Valetaille à genoux sous le plat de l'épée [1].

Ces excès poétiques inspirés par une période trouble et scélérate n'ont de ressemblance et de résonance que fortuites avec les événements que notre République a vécus il y a quelques années encore.

C'est le gouvernement de Lionel Jospin qui introduisit le premier la rupture historique. Dans sa déclaration

1. Victor Hugo, *Les Années funestes*, Poésie IV, Œuvres complètes, Robert Laffont, 1986.

de politique générale du 19 juin 1997, il annonça un changement radical de politique : « Dans la Nation, faire vivre la république c'est s'assurer d'un État qui inspire le respect, qui redevienne impartial, qui se conforme au droit. Les responsabilités de l'État doivent être assumées sans défaillance. Au premier rang de celles-ci, il y a la justice. Le respect du droit est fondamental pour la république et la démocratie. Sans lui, le lien social se dissout et les institutions sont discréditées. Aussi la justice doit-elle être indépendante et impartiale. C'est pourquoi je réaffirme aujourd'hui que le Conseil supérieur de la magistrature doit assurer à la carrière des magistrats du parquet les mêmes garanties qu'à celles des juges du siège. (...) Toutefois, sans attendre, j'annonce solennellement que, dès aujourd'hui, plus aucune instruction concernant des affaires individuelles, de nature à dévier le cours de la justice, ne sera donnée par le garde des Sceaux, et que les projets de nomination des magistrats du parquet qui recueilleraient un avis défavorable du Conseil supérieur de la magistrature ne seront pas maintenues par le gouvernement. La responsabilité d'un exercice équitable et non partisan de l'action publique se trouve ainsi remise aux procureurs généraux et procureurs qui en seront comptables devant les citoyens. »

Sa garde des Sceaux d'alors, Élisabeth Guigou, droite et courageuse, laissa ainsi avancer les enquêtes, même celles débouchant sur des membres du gouvernement, de la majorité parlementaire, ou de proches de l'ancien président de la République, François Mitterrand, occupant encore des fonctions importantes. Dans l'affaire de la Mutuelle nationale des étudiants de France, par exemple, ce sont deux rapports, l'un de l'Inspection générale des affaires sociales rattachée à la ministre des Affaires sociales, et l'autre de la Cour des comptes, qui aboutirent à la transmission au procureur de la République pour déclenchement des poursuites.

On recruta des juges comme on n'en avait pas recruté depuis 1914. En 1997, il y avait autant de juges en France qu'en 1857, au début du Second Empire, alors que la population a doublé. On embaucha plus de 400 juges, on construisit des pôles de spécialisation dans la lutte contre la délinquance économique et financière, et on rendit enfin hommage à ces juges qui faisaient vivre l'idée d'égalité de tous devant la loi, incarnations vivantes de la république. Il restait à engager une réforme de nature à rendre irréversible cette évolution décisive, réforme à inscrire dans le marbre éternel de la loi et de la Constitution.

Élisabeth Guigou proposa donc d'écrire dans la loi l'interdiction des instructions individuelles. En contrepartie, les parquets étaient rendus comptables de leurs décisions de classement sans suite devant les justiciables : ceux-ci pouvaient obtenir enfin la motivation en fait et en droit des classements sans suite, leur notification obligatoire aux plaignants, l'appel sous forme hiérarchique devant le procureur général et sous forme judiciaire devant une commission des recours contre les classements sans suite permettant d'assurer le contrôle sur les pouvoirs du parquet. Les justiciables pourraient ainsi faire ouvrir la boîte noire de « l'opportunité des poursuites ».

Parallèlement, la garde des Sceaux proposa de faire inscrire dans la Constitution des garanties d'indépendance dans la carrière des procureurs afin que ceux-ci ne soient plus dans la main du gouvernement. L'Assemblée nationale, à majorité de gauche, avait approuvé l'ensemble. Le Sénat, à majorité de droite, avait largement approuvé. Il restait à réunir les deux assemblées pour procéder au vote final et solennel qui consacrerait cette évolution historique. À vingt-quatre heures de la convocation du Congrès à Versailles, le président de la République décida, dans une volte-face digne de Feydeau, de reprendre la convocation des députés et sénateurs au congrès et d'empêcher cette réforme historique d'aboutir.

Le président de la République, soutenu par son parti, préférait le statu quo à la réforme. En signant ce décret d'annulation du congrès, il avait choisi son camp : celui des classements sans suite pour la protection des amis politiques en difficultés judiciaires, celui des découpages autoritaires des procédures en petits lambeaux pour dissoudre les poursuites et protéger les notables, celui des dessaisissements de juges, des coups de téléphone allusifs à la carrière, celui des mutations de procureurs que les intéressés apprennent dans la presse, celui de ces petites pratiques interventionnistes, qui sont allées jusqu'à l'affrètement d'un hélicoptère aux frais des contribuables pour retrouver un procureur qu'il fallait influencer d'urgence dans l'Himalaya afin de protéger la pauvre femme du maire de Paris [1].

Pour tous les réformateurs épris de justice, républicains dans l'âme, la signature de l'annulation de la convocation du congrès par le président de la Répu-

1. Laurent Davenas, *Lettre de l'Himalaya*, Seuil, 1998.

blique reste une injure éternellement gravée dans leur mémoire.

C'est cette camarilla de politiciens conservateurs, composée de sénateurs élus à vie, irresponsables car sans électeurs, à l'esprit médiocre et aux intérêts calculés, qui a réclamé l'abandon et triomphé d'une grande réforme. Celle qui lui faisait perdre à jamais un morceau de pouvoir : le privilège de manipuler à leur profit le cours de la justice.

Cette annulation du congrès fut reçue comme une bénédiction divine par une partie de la classe politique qui, en matière judiciaire, a des mœurs napoléoniennes. Elle n'aime les juges que tenus en laisse, muselière comprise. Son langage et sa pensée sur la justice sont égaux à ce qu'un Fouché, ministre de la Police de l'Empereur, aurait pu théoriser sur la séparation des pouvoirs.

La thèse répandue dans le sérail des conservateurs, consistant à soutenir que les juges seraient sur le point de prendre le pouvoir et de former un gouvernement de juges, usurpant la légitimité et la sainte onction du suffrage, est la preuve de la meilleure inculture historique. Jusqu'à nouvel ordre, les juges n'ont jamais inventé les infractions qu'ils poursuivent. Ils ne s'en saisissent pas eux-mêmes. Jusqu'à nouvel ordre, les dix mille infractions pénales en vigueur dans le code pénal et lois annexes ne sont pas inventées par les juges mais bien approuvées par le Parlement qui en a fait la loi de tous et pour tous. La vérité de ce langage anti-juges se situe ailleurs. Les élus qui votent des lois et les infligent à leurs concitoyens rêvent en vérité d'échapper à la rigueur et aux punitions qu'ils imposent aux autres. Un élu qui refuse de se voir appliquer la loi à lui-même peut-il être regardé autrement qu'à travers l'aspiration à l'impunité aristocratique ?

Les longues années d'intervention sur la justice et de protection à l'égard des enquêtes judiciaires ont permis à une grande partie de la classe dirigeante, politique ou économique, de se lancer dans les affaires. Les élus locaux ont fait de l'argent avec le pouvoir, la corruption s'est installée dans les pratiques contractuelles des entreprises, les caisses publiques sont devenues un moyen de financer l'activité politique ou syndicale. Nous devons donc rendre à César ce qui est définitivement à César : la Ve République est le terreau fécond sur lequel a pu germer l'affairisme du pouvoir.

Aujourd'hui, le garde des Sceaux, ministre de la République, s'interdit à juste raison de donner aux procureurs de la même république la moindre instruction dans les affaires individuelles de nature pénale.

Mais la réforme qui organisait le contrôle par les justiciables des prérogatives de poursuite des procureurs a échoué. Les contre-mesures qui devaient équilibrer cette nouvelle pratique gouvernementale, en rupture historique avec le passé, n'étant pas intervenues, les cent vingt-deux procureurs de la République sont placés dans une situation inédite. Dans ce vide et cette béance politiques, les parquets ont des allures de bateaux ivres sans gouvernail. Chacun à la dérive suit son courant et mène sa politique. Les procureurs, leurs substituts et leurs adjoints suivent leurs inclinations personnelles, d'autres leurs passions. Certains mettent un point d'honneur à respecter les circulaires du pouvoir central, d'autres préfèrent rendre des services. S'agissant des infractions de détention ou de cession de stupéfiants, les parquets poursuivent ou ne poursuivent pas, à la tête des clients ; s'agissant des infractions financières, certains se sont lancés dans des opérations locales « mains propres », d'autres dans la protection des notables avec lesquels le procureur du lieu va à la chasse ou joue au bridge.

Certains, dans leurs réquisitoires, se laissent aller à exprimer leurs engagements politiques ou, pire, leurs obsessions et leurs fanatismes personnels, sans aucun rapport avec l'intérêt général. Des centaines de milliers de justiciables ont pâti, parfois en l'ignorant, de ce petit arbitraire du quotidien. Cette injustice incontrôlable parce que invisible, contre laquelle le citoyen ne peut rien.

Celui-ci peut toujours protester, il ne lui est reconnu aucun droit sur les politiques personnelles menées par des procureurs de la République évoluant aujourd'hui sans le contrôle du pouvoir central, et sans le contre-pouvoir et les voies de recours que la réforme offrait aux justiciables.

La fin des instructions individuelles est un grand progrès. Aucun garde des Sceaux ne pouvait prétendre contrôler les trois millions d'affaires pénales menées dans les cent vingt parquets de France et de Navarre. Le garde des Sceaux et ses services ne procédaient donc à ce contrôle que dans les affaires dites « signalées ». Dans ces dernières, les parquetiers devaient agir sur ordre, et dans les autres, faisaient ce que bon leur semblait. Aucun ministère au monde n'est équipé pour remplacer le travail de cent vingt-deux procureurs agissant dans plusieurs millions d'affaires pénales annuelles qu'ils ont la charge d'initier et de mener à terme.

Voici pourquoi le système de l'intrusion du pouvoir exécutif dans les affaires individuelles, dans lesquelles il pouvait trouver intérêt, est en soi injuste, arbitraire, et source de petits et grands scandales. Mais il a surtout prouvé son inefficacité car, en pratique, il ne faisait fonctionner le système de contrôle que dans quelques affaires intéressant le pouvoir exécutif.

Le désengagement pratique du pouvoir politique dans les affaires judiciaires a ainsi conduit à remettre le système d'application de la loi entre les mains d'une corporation. C'est un peu comme si le ministère de l'Éducation nationale décidait d'abandonner à ses professeurs le choix des programmes et des critères d'organisation des diplômes, et ce sans appel et sans contrôle. Il en résulterait un désordre assez peu aimable et une irresponsabilité s'agissant des décisions prises dans de telles conditions. Le désengagement du pouvoir exécutif dans le cours des affaires judiciaires renvoie à la question cruciale de savoir qui est chargé de mettre en œuvre l'application de la loi républicaine, avec quelle responsabilité.

Quelle est la légitimité d'un procureur de la République nommé selon un processus purement corporatiste, après avis d'un Conseil supérieur de la magistrature exclusivement composé d'un seul syndicat de magistrats ? Entrer dans la magistrature, c'est comme entrer par cooptation dans un cercle fermé dont le code d'entrée serait secret et ritualisé. Fonctionnement occulte dont les clefs sont tenues par des initiés inaccessibles. La franc-maçonnerie ou le Rotary Club fonctionnent de la même façon. Faudrait-il pour autant leur confier une partie de la République ?

Dans de nombreux ressorts judiciaires de province, la question de la légitimité, de la justification et de la responsabilité des actes de poursuite ou de non-poursuite des procureurs et de leurs substituts est aujourd'hui posée par les citoyens. Pourquoi a-t-on classé sans suite sans aucune raison avérée ? Pourquoi, alors que l'auteur était connu, refuse-t-on de le poursuivre ? Pourquoi tel personnage important échappe-t-il aux foudres de la justice pendant qu'on m'en infligera toutes les rigueurs ?

Dès lors que le lien de subordination hiérarchique entre les procureurs et leur garde des Sceaux disparaît, c'est aussi la légitimité d'un gouvernement, responsable devant le Parlement et devant les urnes, qui n'est plus transmise aux agents de l'exécutif que sont les procureurs. La responsabilité de ces derniers s'en trouve gravement diminuée. Que faire contre un procureur qui prendrait des décisions manifestement discriminatoires selon la qualité ou le prestige supposé des justiciables ? Que faire contre les procureurs qui participent à la reconstitution des privilèges au sein même de l'appareil judiciaire, en charge de l'application de la même loi pour tous ?

Je voudrais vous conter l'histoire d'un procureur auquel la République a confié des prérogatives. Observez minutieusement ce que ce dernier s'est permis d'en faire.

À Mâcon est installé un tribunal à deux chambres devant lesquelles requiert un procureur de la République installé dans ses fonctions depuis bientôt dix ans. Chaque année le tribunal se réunit au grand complet et en costume d'apparat devant les personnalités locales, le préfet, le procureur général, les députés, les sénateurs et les membres du barreau, la chambre départementale des notaires, les experts-comptables, les huissiers, et tout ce que le ressort compte de gens de basoche et de robe. Le procureur y présente des opinions personnelles en toute liberté. Ces opinions pourraient être inspirées par l'esprit de modération, de prudence, et à tout le moins trempées dans l'esprit d'impartialité ou d'objectivité que tout magistrat est chargé de rechercher pour la sérénité de l'œuvre judiciaire à laquelle il participe. Mais le procureur de la république de Mâcon a décidé, pour des raisons qui ne relèvent que de sa conscience personnelle, et sans aucune légitimité, pas même syndicale, de passer outre à certaines des limites auxquelles ceux qui participent à ce genre de réunion sont habitués. Voici le texte de ses déclarations rapportées par la presse locale au sujet des réformes votées par le législateur : « Les magistrats de Mâcon sont heureux de vous accueillir au seuil de cette année 2000 qui va accoucher, fait sans précédent dans l'histoire, d'une commission officielle de réclamation pour les justiciables qui auront à se plaindre des juges. Ah, quel merveilleux projet au délicat fumet de délation qui va permettre à nos concitoyens de se laisser aller aux joies de la dénonciation, projet qui vraisemblablement provoquera des vocations de commissaire politique et censeur de la vie judiciaire.

« Les juges d'instruction, si j'ai bien saisi les multiples justifications de la réforme, abusaient semble-t-il de façon éhontée des mandats de dépôt qualifiés de procédé barbare et moyenâgeux. Les magistrats appliqueront la loi et remettront donc en liberté plus souvent les malfaiteurs, présumés innocents par définition. Le parquet saura chaque fois que cela sera nécessaire requérir une mesure de contrôle judiciaire avec interdiction de sortir des limites de la maison d'arrêt. » Rires dans la salle.

Il suffit ainsi d'observer que le procureur de la République, qui n'est représentatif que de sa propre opinion de magistrat, s'est mis à railler publiquement les décisions prises par le législateur tendant à réformer la justice pour le profit des justiciables. Il s'agissait à proprement parler d'un discours politique où un magistrat chargé de l'application de la loi donne son avis, utilisant les attributs de sa fonction et le prestige attribué à sa position prééminente, sur des décisions prises par un autre pouvoir. Personne ne pouvait d'ailleurs lui répondre. Pourtant le statut des magistrats rappelle avec force que « Toute délibération politique est interdite au corps judiciaire. Toute manifestation d'hostilité au principe ou à la forme du gouvernement de la République est interdite aux magistrats, de même que toute démonstration politique incompatible avec la réserve que leur imposent leurs fonctions ».

La verve pamphlétaire du procureur de la République de Mâcon pouvait ainsi tomber sous le coup de la loi disciplinaire applicable à son statut.

Quelques semaines plus tard, le même procureur de la République eut à requérir devant le tribunal afin de demander des condamnations pour les auteurs d'un réseau d'achats et de ventes de cassettes pédophiles, infraction prévue et réprimée par la loi républicaine. Dans son réquisitoire écrit, le procureur avait laissé choir cette phrase significative de ses passions personnelles, sans rapport avec l'intérêt général : « Il n'existe dans la nature, tant dans le règne animal que végétal, à l'exception peut-être des escargots, aucune forme d'accouplement entre les mêmes sexes. »

Un journaliste curieux interrogea le procureur sur cette condamnation morale de l'homosexualité dont il est utile de rappeler qu'elle appartient à la liberté et à la vie privée de chaque citoyen majeur et consentant. Le procureur répondit, selon son interlocuteur : « Je voulais me payer un avocat général qui en était. » Règlements de comptes personnels, propos discriminatoires dans l'exercice de ses fonctions. Un syndicat du personnel judiciaire dénonça cette attitude auprès de ses supérieurs hiérarchiques. Les magistrats du tribunal prirent fait et cause pour ce procureur. Des explications furent demandées à ce magistrat, en vain.

Quelques mois plus tard, on découvrit que le même procureur avait classé sans suite plusieurs infractions financières commises par le conseil général au détriment des contribuables du département, relevées à l'occasion d'un contrôle de la chambre régionale des comptes qui faisait apparaître que le président du conseil général avait utilisé de l'argent public pour faire voyager sa propre fille aux États-Unis. L'élu ayant choisi de rembourser, le procureur de la République décida de classer sans suite l'infraction, acte manifeste de protection d'un notable en difficulté. Comme pour certains de ses collègues procureurs, rembourser paraît la meilleure voie vers l'absolution judiciaire. Pourtant, requérant devant la cour d'assises locale, le même procureur n'avait pas hésité à réclamer dix années de réclusion criminelle pour un vol à main armée d'une somme de 5 000 francs et avait obtenu cette lourde condamnation auprès du jury. Deux poids, deux mesures.

On découvrit également que plusieurs millions de francs d'argent public avaient été dissipés par le même conseil général de Saône-et-Loire dans une société installée à Hollywood, sans qu'aucune comptabilité n'ait été tenue de l'utilisation de ces fonds. La comptabilité n'avait pas même été demandée au gérant de la société américaine. Le procureur de la République requit une fois encore, de façon surprenante, un non-lieu à l'égard du président du conseil général pourtant chargé de rendre des comptes de cette dissipation de fonds publics.

Dans le même temps, une indiscrétion d'un fonctionnaire du conseil général permettait à la presse locale de découvrir que, pendant plusieurs années, de hauts dignitaires du conseil général de Saône-et-Loire avaient fait travailler à des fins personnelles et privées plusieurs ouvriers de la collectivité publique pour la rénovation d'appartements privés. Le procureur avait été informé mais n'avait pas décidé la moindre investigation ni la moindre poursuite. Violence des diatribes dans un cas, complaisance et protection dans d'autres, le procureur de la République de Mâcon agit en toute impunité. Personne ne pourrait donc le priver de ses prérogatives, ni le contredire. La justice appartient-elle encore à la République ?

Comment dès lors sortir de cette impasse ? Le rétablissement des instructions individuelles du pouvoir politique dans les affaires pénales en est impensable tellement les abus ont détruit jusqu'à la confiance que chaque citoyen pouvait mettre dans la justice. Il n'est pas davantage acceptable de confier, on l'a vu, les clefs de la justice à des procureurs sans légitimité, sans contrôle et juridiquement irresponsables.

Il reste à revenir aux origines républicaines et à réaliser ce que la Révolution française n'est pas parvenue à construire, à bâtir ce que les républicains passionnés de la fin du siècle dernier, autour de Georges Clemenceau, avaient voulu créer : des procureurs responsables, légitimes, puisque titulaires d'un pouvoir aussi puissant que les deux autres – le gouvernement et le Parlement –, capables d'équilibrer par leurs actes les abus et les excès des deux autres, et surtout, répondant de leurs décisions, de leurs abstentions, de leurs scélératesses ou de leurs forfaitures devant le peuple au nom duquel la justice est censée être rendue.

Cent vingt ans plus tard, l'élection des procureurs doit revenir à l'ordre du jour. Après tout, cette réforme n'échoua que de cinquante voix à la Chambre des députés en 1883.

Faire élire les procureurs, c'est charger le peuple lui-même de décider qui il choisira pour faire appliquer dans son ressort la loi républicaine. Le code pénal français comprend 10 000 crimes, délits ou contraventions. Laissons donc la population avoir sous la main, dans ses vues ou dans ses choix, l'homme ou la femme qui sera chargé des priorités répressives en fonction des nécessités locales. Laissons donc la population contrôler ses procureurs et distinguons-les bien des juges.

Un procureur n'est pas quelqu'un qui juge ; il est celui qui donne à juger et choisit les priorités répressives. Il répondra de ses actes, de ses classements sans suite ou de ses excès répressifs. Laissez le procureur de Paris, de Mâcon ou de Beauvais exhiber son bilan, ses choix de classements sans suite pour protéger des notables en difficulté, sa cruauté particulière envers ceux qui n'auraient commis que des larcins de supermarché. Il répondra alors de ses actes, et il aura une légitimité équivalente aux autres pouvoirs, celui de légiférer ou de gouverner.

Pour ceux qui craindraient que les piliers de la République ne se mettent à trembler devant une solution aussi audacieuse, qu'ils réfléchissent à la manière d'en finir avec ces décennies de confusion des pouvoirs ou de corporatisme sans contrôle.

Car il existe de nombreuses républiques dans le monde qui élisent leurs procureurs. C'est le cas extraordinaire des petites républiques suisses. Dans chaque canton, qui compose à lui seul une république, sont élus des procureurs ; ceux-là disposent d'un budget, d'un palais de justice et des attributs de l'État attachés à leurs fonctions. Comme on remet une écharpe, une cocarde tricolore et un baromètre à porter à la boutonnière à chacun des députés de la République, on remet un code pénal, un code de procédure pénale et un bureau dans un palais de justice à un procureur désigné par les électeurs du département chargé de faire appliquer la loi. En Suisse, le procureur général de la république cantonale de Genève a été élu sur un programme socialiste. Bernard Bertossa est un procureur socialiste qui a présenté devant les citoyens genevois une candidature et un programme tendant à lutter contre la délinquance financière en col blanc, ce qui permit à la Suisse de faire céder le secret bancaire devant les intérêts de l'ordre public international. La justice genevoise est aujourd'hui l'une des plus coopératives du monde, au grand détriment des banquiers de la place, grâce à un procureur envoyé au palais de justice par les électeurs avisés du canton de Genève. Aux États-Unis, les district attorneys sont également élus comme le shérif ou le sénateur. C'est d'ailleurs ainsi que la ville de New York est parvenue à se débarrasser de sa délinquance de rue endémique. Chargés de l'accusation publique, les procureurs disposent des moyens budgétaires de l'État pour mener les investigations, recueillir les preuves et donner à réprimer.

Dans toutes ces républiques, les procureurs rendent des comptes et perdent les élections s'ils n'ont pas montré leurs capacités répressives, s'ils ne savent pas diriger la police judiciaire, s'ils ne savent pas élucider tel grand crime ou s'ils ont montré des complaisances fautives à l'égard de tel ou tel accusé. Ils sont ainsi la meilleure garantie d'indépendance que l'on pourra rechercher.

Écoutez donc le plus grand des discours jamais prononcés sur cette grave question. Le 4 août 1790, Jacques-Guillaume Thouret, député aux états généraux de Versailles en 1789, portant le drapeau du tiers état dans la province de Normandie, se prononça en faveur de l'élection des procureurs. Sa plaidoirie passionnée l'emporta, ainsi que sa proposition de réforme judiciaire qui décida l'élection des juges et des procureurs. Il n'en reste aujourd'hui que le jury populaire des cours d'assises criminelles. Thouret mourut vaillamment le 22 août 1793 sur l'échafaud de la loi des suspects.

« J'examine ce que l'accusation publique est par sa nature, et je n'hésite pas à prononcer qu'elle est une fonction populaire. C'est le corps social qui est principalement blessé par l'impunité des crimes ; c'est lui que leur poursuite et leur punition intéressent ; c'est pour la sûreté, plus que pour la satisfaction des individus lésés, que les peines affectives sont établies : car que fait aux malheureuses victimes de l'assassinat ou du vol le supplice de l'assassin ou du voleur insolvable ? C'est pour cette raison, c'est encore parce que les plus grands crimes sont ceux qui attaquent l'existence du corps politique, que la Nation doit se charger d'office du châtiment des coupables. C'est enfin pour ce pressant intérêt que tous les peuples, qui n'ont pas connu la sublime institution d'un accusateur public, ont rangé l'accusation criminelle au nombre des actions populaires. L'accusation publique, sauvegarde de la liberté contre l'abus des magistratures, et contre les complots des factieux, était chez les anciens peuples libres un droit de chaque citoyen. Voyez les lois grecques, romaines, et ce qu'a dit un républicain, à la fois magistrat, orateur, publiciste et philosophe, Cicéron : " *accusatores multos esse in civitatae utile est* ", " il est utile qu'il y ait de nombreux accusateurs dans la cité " ».

« Cependant, l'accusation populaire a de grands inconvénients. Quand tout le monde est chargé de veiller, il arrive un moment où personne ne veille ; et quand chacun peut accuser, l'esprit de parti, les préventions vulgaires, les préjugés et les ressentiments individuels peuvent trop aisément troubler la tranquillité publique, sous le prétexte de l'assurer. Conservons donc le sage établissement d'un officier public chargé d'accuser. Mais si l'accusation publique, au lieu de rester une action populaire, devient la commission d'un officier, peut-il rester douteux que cet officier est l'homme du peuple, préposé pour l'intérêt de la Nation à l'exercice de ses droits ? Il doit donc être un des fonctionnaires élus et nommés par le peuple ; car sa fonction est une de celles que le peuple a spécialement intérêt de ne confier qu'à des hommes dont il soit sûr, et qu'aucun intérêt différent du sien ne puisse écarter de l'exacte observation de leur devoir. (...)

« Me dira-t-on que j'exagère l'influence politique et morale de l'accusateur public, puisque le jugement ne dépendra pas de lui, mais des juges et des jurés qui vont être nommés par le peuple ? Je réponds qu'il reste toujours à l'accusateur public un pouvoir indépendant des tribunaux, qu'il suffit pour exciter toute votre sollicitude. Ce pouvoir est celui de dissimuler les connaissances qui lui parviennent, de ne pas accuser, ou d'accuser trop tard et de favoriser par là le succès du crime ou du moins l'évasion et l'impunité des coupables. (...) Ils auront alors pour aiguillon et pour appui l'opinion et la protection publiques, la faveur, la reconnaissance et le secours de tous les bons citoyens. Croyez donc qu'ils seront très actifs, précisément où il est à craindre que des agents ministériels ne le fussent pas [1]. »

Et à ceux qui craindraient l'entrée des passions partisanes dans les prétoires de la République, on répondra que les procureurs ne sont pas des juges dont la nomination doit quant à elle rester impérativement éloignée des préoccupations de parti. Ces procureurs élus ne pourront donner à juger que des infractions à la loi républicaine, non leurs caprices ou leurs passions, et les citoyens pourront solliciter ces procureurs avec d'autant plus de force et de poids qu'ils seront aussi leurs électeurs.

1. *Orateurs de la Révolution française – I. Les Constituants*, Gallimard, La Pléiade, 1989.

Je ne crains pas un procureur ayant des opinions politiques, pourvu qu'elles soient connues et surveillées. Aujourd'hui, les procureurs sont, comme d'autres, souvent politisés, mais ils cachent leur idéologie sous leur robe et derrière leur fonction. Je préfère qu'ils agissent à découvert.

Je veux vous raconter cette histoire exemplaire qui concerne le Parquet général de Genève, élu au suffrage universel par les citoyens de cette petite république. Bernard Bertossa a donc été élu il y a dix ans. Il décida, soutenu par les électeurs genevois, de s'attaquer à l'argent entreposé par la grande délinquance russe sur la place financière de Genève. Lorsque les premières informations judiciaires ont été ouvertes, le procureur général de Genève obtint le témoignage à charge d'un certain nombre de ressortissants russes qui permirent au dossier d'avancer vers la condamnation. Le limogeage récent par Vladimir Poutine du procureur russe qui avait octroyé le soutien de la justice russe aux démarches du procureur général suisse a mis en difficulté l'enquête menée par le procureur général Bertossa. Celui-ci dut s'expliquer publiquement devant ses électeurs, dans *La Tribune de Genève,* sur la stratégie qu'il avait jugé bon de retenir. « En matière de corruption impliquant les fonctionnaires étrangers, nous prenons systématiquement les mêmes mesures de poursuite. Cette systématisation vise deux objectifs. Le premier, nous envoyons un signal fort à l'étranger montrant que la Suisse n'est plus un havre de tranquillité pour les blanchisseurs d'argent sale. Le second, nous adoptons un comportement uniforme, quelle que soit la couleur politique des fonctionnaires et des dirigeants concernés. C'est ainsi que, socialiste bon teint, j'ai poursuivi les délits commis en Suisse par des personnalités proches du Parti socialiste espagnol. On ne peut donc pas accuser le Parquet genevois de favoriser un camp plutôt que l'autre. »

Là encore, le contrôle permanent des électeurs sur le fonctionnement d'une institution aussi importante que celle chargée de la répression pénale est une garantie d'impartialité et de recherche obstinée de la justice.

Et si l'on craignait que, par un tel système, le gouvernement perde le contrôle des poursuites pénales dans des matières névralgiques et cruciales comme les atteintes aux intérêts de l'État, l'espionnage, le terrorisme, la corruption internationale, pourquoi ne créerait-il pas un parquet spécialement attaché à lui, sous son contrôle direct, pour certaines infractions limitativement désignées, assimilables à la défense des intérêts directs de l'État ? Le gouvernement pourrait dans ce cas exercer lui-même les fonctions de poursuite, sous le contrôle du Parlement et en pleine responsabilité devant les électeurs.

Et c'est peut-être ainsi que le citoyen pourrait, en matière judiciaire, enfin trouver son compte.

La dictature des élus locaux

> « Les grandes choses de l'État sont tombées, les petites seules sont debout, triste spectacle public. On ne songe plus qu'à soi. Chacun se fait, sans pitié pour le pays, une petite fortune particulière dans un coin de la grande infortune publique. »
>
> Victor Hugo, préface à *Ruy Blas*, 1838

L'application uniforme et vigoureuse de la loi ayant montré, à la faveur du délabrement généralisé de l'appareil judiciaire, les signes de faiblesse que l'on connaît, les notables locaux s'emparèrent, comme des barons de l'Ancien Régime, de la force locale contre le droit national.

Qu'est-ce que la loi républicaine pour un citoyen ? La garantie et la certitude qu'il sera traité comme tous les autres citoyens. C'est cette passion historique et géographique pour l'égalité, formidable fluide révolutionnaire qui s'est répandu dans les cœurs depuis les origines de la République, qui fait qu'aujourd'hui un Breton, un Corse, un Alsacien, un Bressan, un Vendéen, un Savoyard est d'abord un citoyen d'une même et seule entité, aux délibérations de laquelle il apporte sa contribution et dans laquelle il maîtrise et formule son destin.

Mais qu'est-ce que la loi républicaine pour un notable local ? C'est une empêcheuse de distribuer des fonds publics à sa clientèle électorale et politique. C'est une machine à contredire le désir d'omnipotence des barons de province, lesquels aiment à reproduire en miniature dans leur contrée la tradition de confusion absolue des pouvoirs de notre République autoritaire. Grâce à la décentralisation version 1982, voici cette tradition multipliée par cent dans les départements, transformés en petites puissances autonomes. Les féodaux du suffrage universel ont pris le pouvoir dans les chefs-lieux, parfois jusqu'à l'ivresse. Souvent jusqu'à la mise en examen.

Car le respect scrupuleux de la loi n'est pas la première préoccupation de ces présidents en tout genre : présidents de conseils généraux, présidents de conseils régionaux, présidents de syndicats multiples ou uniques. Le pouvoir, ses attributs et ses indemnités sont l'âme de leur passion première. Il faut mettre des statistiques sur cette triste et peu croyable réalité : à la mi-2000, 29 présidents de conseils généraux, chefs de l'exécutif départemental, soit avaient été condamnés, soit faisaient encore l'objet de poursuites judiciaires pendantes engagées dans les dix dernières années – le respect de la présomption d'innocence invite à préciser que 87 % des mis en examen sont condamnés, et que 13 % d'entre eux obtiennent un non-lieu ou une relaxe – pour des infractions financières, rangées pour la plupart dans les « atteintes à la probité » du Nouveau Code pénal.

29 présidents de conseil généraux sur 102 qui « s'administrent librement ». Est-il beaucoup d'institu-

tions aussi productrices d'illégalité ? Y a-t-il une profession quelque part en France dont près d'un tiers des membres seraient impliqués dans des poursuites pénales ? Croyez bien qu'elles sont rares ! Et si nous devions comptabiliser l'ensemble des conseillers généraux membres de l'exécutif de leur département, c'est-à-dire vice-présidents de conseil général, présidents de commissions d'appel d'offres, présidents de commissions en tout genre disposant d'émoluments et d'indemnités à ce titre, les proportions en seraient encore accrues.

Sur les 22 régions de France, 6 présidents de conseil régional ont été soit condamnés, soit poursuivis par la justice répressive pour des infractions de même nature.

Ces statistiques sont un symptôme cruel de la façon dont ces institutions décentralisées se sont affranchies de la loi républicaine. Si un tiers des départements qui gèrent plus d'une centaine de milliards de francs tirés du produit de l'impôt départemental est en délicatesse avec la justice, c'est qu'un grand nombre – pas tous – des chefs de ces institutions ont pris le parti ou la liberté d'utiliser ces machines locales à pomper de l'argent public et à le redistribuer à des fins différentes de celles que prescrivait le législateur.

Les atteintes à la probité, l'utilisation à des fins personnelles des moyens de la puissance publique se sont multipliées : favoritisme dans les marchés publics ; prises illégales d'intérêt ; abus de confiance ; recels ; détournements de fonds publics. Ces infractions matérialisent sous des formes différentes tous les types, toutes les variations, tous les degrés de l'enrichissement personnel ou familial, de l'utilisation à des fins intéressées au profit du clan, du réseau d'influence ou du parti politique de ceux qui possèdent le pouvoir dans les départements et les régions. Pratiques clientélistes et politique locale font désormais l'objet d'études scientifiques approfondies. « L'attribution des logements sociaux, la distribution des emplois permanents ou temporaires dans l'administration municipale ou para-municipale, l'intercession auprès de l'administration et des services publics, l'aide médicale gratuite, les petits marchés publics qui constituent des ressources importantes nourrissent les pratiques clientélaires de nombreux élus, aussi bien à Draguignan, à Lens ou à Rennes, même si elles prennent ici ou là une ampleur plus ou moins grande. La précarisation sociale de fractions de plus en plus importantes de la population et les nouvelles compétences des maires et des conseillers généraux depuis les lois de décentralisation n'ont fait dans certains domaines que renforcer ce phénomène [1]. »

La loi républicaine n'ayant plus cours dans ces zones de piétinement de l'État de droit, ce sont donc les intérêts politiques locaux et électoralistes qui l'ont emporté.

Il faut s'interroger sur les raisons de l'élévation de cette puissance locale au détriment du respect scrupuleux de la loi.

La décentralisation de 1982 a injecté, dans des collectivités locales anciennes et à l'armature fatiguée, des compétences, un pouvoir fiscal et dépensier considérables. Les conseils généraux gèrent ainsi des masses financières importantes : l'aide sociale, le Revenu minimum d'insertion, la prestation sociale dépendance, les transports scolaires, la rénovation des collèges, la voirie

1. Frédéric Sawicki et Jean-Louis Briquet, *Le Clientélisme politique dans les sociétés contemporaines*, Politique aujourd'hui, 1998.

départementale. Chaque année, des centaines de marchés sont passés par ces collectivités locales. Des milliers de subventions sont décidées à chaque session de conseils généraux ou régionaux.

Et la subvention est devenue un instrument du gouvernement politique local. Entre les mains d'élus dont la vocation essentielle est leur propre réélection, elle est devenue, dans certains cas les plus abusifs, un instrument de chantage politique, d'entretien d'une clientèle, le plus souvent d'organisation d'une tutelle systématique sur des territoires sommés de se taire s'ils veulent de l'argent, et obligés de soutenir s'ils en ont obtenu.

La raison de ces graves perversions est à rechercher dans la concentration et la confusion des pouvoirs locaux sur la tête des mêmes hommes, dans les mêmes conditions que les pouvoirs nationaux sont concentrés. Un président de conseil général ou de conseil régional n'a pas de légitimité propre. Il n'est qu'un conseiller général parmi d'autres ou un conseiller régional parmi ses collègues. Choisi au scrutin très indirect par une majorité, il préside l'assemblée délibérante et, à la fois chef de l'exécutif et chargé de l'exécution des délibérations de son assemblée, les met en œuvre.

Cette confusion organique des pouvoirs est la maladie des départements et des régions. Et c'est une maladie dangereuse. Ce système fait penser à un parlement national dont le président ne serait autre que le président de la République et le Premier ministre réunis. Ce qui fait déjà trois dans l'ordre national ne fait qu'un dans l'ordre départemental et régional.

La conséquence de cette confusion organique des pouvoirs est dans la puissance dont le chef de l'exécutif, départemental ou régional, dispose sur les membres de l'assemblée délibérante. Si celui qui conduit les délibérations est en même temps celui qui est intéressé à la décision finale et à la solution choisie, le conflit d'intérêt est permanent et inacceptable. Les délibérations dans les conseils généraux ne sont jamais libres. De nombreux conseillers généraux se plaignent souvent de la dictature douce exercée par le président qui organise les débats en fonction des intérêts de son pouvoir et non pas en fonction de l'intérêt de la délibération elle-même. Enfin, le président d'un conseil général ou régional dispose de mesures de rétorsion financière inadmissibles à l'égard d'une opposition qui serait trop agressive dans ses critiques.

Je me souviens qu'un jour de session houleuse au conseil général de Saône-et-Loire, le président laissa échapper la splendeur de ses arrière-pensées. Il répondit au leader de son opposition que la seule chose qu'il comprenait était « les coups de trique ». Il est d'ailleurs exact que la politique de ce conseil général ressemble au langage de son président. Plus tard, le même homme déclara sur une radio locale « qu'il n'aimait pas trop donner de l'argent à ceux qui disaient du mal de lui ». Se comporter avec l'argent public, produit des contributions de chacun, comme s'il s'agissait du sien pour empêcher la libre discussion et l'expression publique, voilà dans quel féodalisme la République s'est laissé abaisser.

Le président du conseil général peut effectivement, par mesure de représailles, faire refuser à tel ou tel conseiller général la subvention qu'il aura demandée pour accroître son prestige dans le territoire cantonal dont il est l'élu. À cette première raison s'ajoute le fait que l'élu d'un canton se sent contraint d'agir en faveur des communes qui le composent et de passer son temps à quémander plutôt qu'à représenter. Les conseillers généraux sont des mendiants de subventions plutôt que les véritables inspirateurs et animateurs d'une politique d'intérêt départemental. Cette dépendance qui s'installe à l'égard de l'exécutif pour chacun des membres de l'assemblée délibérante a étouffé les oppositions politiques, quelles que soient les majorités au pouvoir.

Pas de contrôle politique donc, mais y aurait-il au moins un contrôle administratif ?

Des centaines de milliers d'actes passés par les collectivités locales relèvent, selon la loi, du contrôle de légalité exercé par les sous-préfectures et préfectures. Ces services n'ont pas les moyens de procéder à des examens approfondis et recoupés des documents que les collectivités locales leur envoient par milliers chaque jour. La disparition en 1982 de la tutelle qui contraignait les collectivités locales à demander l'autorisation avant d'agir, au profit d'un contrôle postérieur par les préfectures, a eu un effet libérateur. Mais elle a organisé l'impossibilité pratique de veiller au respect par les collectivités locales de la loi républicaine. Le contrôle de légalité qui remet en cause une décision prise, c'est-à-dire un fait déjà accompli, place le préfet dans une position difficile à l'égard de ses barons locaux, surtout lorsqu'il veut exercer avec fermeté les prérogatives liées au respect de la loi. Le représentant du gouvernement est immédiatement accusé de vouloir affaiblir un élu qui ne se réclamerait pas de l'action gouvernementale. Et s'il s'agit d'un élu proche des intérêts du pouvoir central, celui-ci fait une affaire personnelle de triompher de son préfet auprès du ministère de l'Intérieur.

C'est ainsi que les préfets sont devenus des êtres fragiles, dont les ailes peuvent brûler aux premiers échauffements de l'atmosphère locale. Les barons locaux qui cumulent les mandats et utilisent leurs fonctions de parlementaires comme instrument d'influence nationale dans l'intérêt de leur territoire aiment à montrer leur puissance en se vantant d'avoir eu la tête de tel préfet gêneur ou incommodant. Dans certains départements, c'est devenu un sport prisé que de chercher le moyen, lorsqu'on est président de conseil général, de faire sauter ces préfets successifs à la corde comme de vulgaires pieds tendres. Les observateurs de ces questions concluent tous de la même manière : le préfet est devenu un personnage faible face à la prise du pouvoir des notables locaux.

Cette faiblesse de la République et de la loi, mise en pièces détachées par ces petits et grands seigneurs, a une cause directe et précise : la faiblesse préfectorale est mieux récompensée que la fermeté. Ceux qui ont pu assister à ces réunions au ministère de l'Intérieur de tous les préfets de France sont stupéfaits de voir à quel point ces hommes habillés de noir ou de sombre, que seule une petite tache rouge au revers de la veste vient rehausser, miment avec acharnement la discrétion courtoise. Ces messieurs les préfets, ces quelques rares dames, consacrent l'essentiel de leur énergie à ne pas faire de vagues.

Un bon préfet est celui dont on n'entend jamais parler à Paris. Un mauvais préfet est celui qui a du caractère et qui cherche à appliquer la politique gouvernementale, qui résiste aux pressions des élus locaux, qui défère des actes devant le tribunal administratif lorsqu'ils lui paraissent illégaux. Ces préfets-là sont mal vus par leurs supérieurs hiérarchiques et par l'administration centrale du ministère de l'Intérieur. Cette gestion corporatiste, dont les ministres sont d'ailleurs responsables pour ne pas avoir repris en main eux-mêmes la politique de nomination et de promotion, est la principale cause de l'affaiblissement caractérisé de l'État.

J'ai en mémoire l'un de ces préfets qui vint se produire dans mon département. Une excellente réputation, le mieux noté de sa génération, un profil du meilleur élève de la classe. Il vient d'être nommé officier de la Légion d'honneur et préfet de l'Essonne, un gros poste. Une carrière accélérée. Pendant les trois années qu'il passa au service de l'État dans mon département, il laissa faire et laissa aller. Quelques parlementaires du département ont ainsi découvert à quel point la faiblesse de ce préfet face aux pressions répétées du féodalisme local avait pu être à l'origine de graves illégalités. Non seulement le préfet ne protestait pas, mais il se laissa entraîner lui-même dans la violation des règles. Cet homme protégea donc sa carrière, mais il écorna la réputation de l'État. On me permettra de m'étonner des dernières promotions qui furent les siennes. Peut-être le ministre n'avait-il pas d'informations précises sur son passage dans l'un des départements de Bourgogne.

Ainsi, pas de contrôle politique, peu de contrôle administratif donc, mais y aurait-il pour le moins un contrôle financier ?

Les chambres régionales des comptes devaient être l'instance de contrôle financier équilibrant les nouvelles libertés issues des lois de 1982. Elles ont accompli un travail important auquel la République doit hommage.

Les magistrats de ces chambres ont construit une jurisprudence efficace en procédant à des contrôles qui ont révélé l'ampleur des violations de la loi. Ils sont à l'origine de la plupart des poursuites répressives et de la mise en cause de nombreux dirigeants des collectivités locales.

Mais le rythme des contrôles est trop lent, les moyens trop faibles. Les Chambres régionales des comptes ne procèdent pas à des contrôles systématiques de la comptabilité des grandes villes, des départements et des régions. Ces contrôles sont épisodiques, aléatoires et peu fréquents. De surcroît, des lois successives ont sans cesse tenté de limiter leurs compétences et leurs pouvoirs d'investigation. Car la dictature des élus locaux ne s'exerce pas seulement dans leur fief et sur leur territoire, mais également au Sénat et à l'Assemblée nationale, à travers l'influence qu'a acquise le groupe de pression des présidents de conseils généraux et députés ou sénateurs-maires de grandes villes.

Des amendements de dernière minute ont été présentés à répétition de façon nocturne, ou bien sous l'angle technique, remettant en cause par le biais de la loi les conséquences d'une jurisprudence chèrement imposée par les chambres régionales des comptes sur les collectivités locales. Les élus de l'Assemblée nationale et du Sénat se votent des avantages que la jurisprudence des chambres régionales des comptes avaient condamnés, se distribuent des moyens qui n'existent pas même dans la fonction publique d'État.

J'ai le souvenir qu'à chaque fois que je suis intervenu, non pas pour diminuer le pouvoir des élus locaux, mais pour augmenter les contre-pouvoirs sur l'exercice de leurs fonctions, accroître les contrôles sur l'usage des deniers publics, j'ai vu les yeux de mes collègues rouler vers le ciel, les soupirs se succéder. On entendait fuser : « Laissez donc les élus tranquilles. » Ce travail d'usure lente et sourde ne cessera jamais, aussi longtemps que les parlementaires ne seront pas détachés de leurs intérêts d'élus locaux. Les citoyens et les contribuables peuvent continuer à supporter silencieusement ces abus, aussi longtemps qu'ils n'auront pas imposé à leurs représentants politiques le mandat unique.

Pas de contrôle politique, peu de contrôle administratif, faible contrôle financier, que reste-t-il aux citoyens pour se défendre ?

Il leur reste la justice, c'est dire si cela compte pour peu. Car les contribuables, les électeurs, les citoyens ne sont pas recevables à agir devant une juridiction pénale en cas de détournement de fonds publics. Ce sont eux les victimes, mais la loi ne leur reconnaît pas une qualité suffisante pour agir. Les associations de contribuables doivent se contenter de plaider aux portes de l'institution judiciaire. Elles écrivent aux procureurs, alertent les organes de presse, organisent des réunions publiques, mais elles ne peuvent pas vaincre l'inertie d'un procureur qui refuserait de soutenir la cause des contribuables.

Il existe dans le code des communes un vieil article poussiéreux qui permet à tout contribuable de la commune de se faire autoriser par le tribunal administratif à poursuivre toute infraction pénale causant un préjudice aux caisses publiques et aux contribuables, si cette collectivité publique reste inerte et refuse de poursuivre l'auteur des détournements. Cette disposition a été utilisée par quelques contribuables procéduriers dans les nombreuses malversations qui ont touché la Ville de Paris et que plusieurs procureurs avaient refusé de poursuivre. Ces dispositions n'avaient jamais été transposées aux départements et aux régions. Ce n'est que tout dernièrement qu'un amendement a étendu à ces collectivités locales la possibilité pour les contribuables d'agir comme ils pouvaient le faire depuis des décennies dans les communes. Cet amendement a été adopté avec le soutien de Claudine Ledoux, députée des Ardennes et rapporteur du projet de loi relatif à l'amélioration des relations de l'administration avec les citoyens. Le *Journal officiel* [1], qui relate les débats à l'Assemblée nationale, montre la nature étonnamment corporatiste des réflexes d'autodéfense de ces élus locaux refusant le regard des contribuables sur leur gestion. Ils refusent celui des magistrats financiers, ils refusent celui des préfets chargés du contrôle de la légalité, ils refusent celui de leurs concitoyens.

Voilà dans quelle sorte d'impunité la décentralisation a pu épanouir non seulement les libertés locales, mais surtout les libertés locales au détriment de la loi. Les conséquences en ont été considérables sur le territoire.

Il faudrait ici raconter de ce qui s'est produit pendant des années au conseil général des Yvelines. Ce conseil général ressemblait à celui de l'Essonne, celui de l'Oise ou à beaucoup d'autres dans lesquels les malversations ont pu devenir une sorte de distinction et une supérieure habileté pour ceux qui les pratiquaient au quotidien. La

1. Discussion du projet de loi relatif aux droits des citoyens dans leurs relations avec les administrations, *Journal officiel*, Assemblée nationale, Débats, 3e séance du 27 mai 1999, p. 5129 et s.

justice a mis en examen 72 personnes dans ce dossier, depuis les entrepreneurs faux facturiers, jusqu'aux fonctionnaires de la Direction des routes du conseil général des Yvelines, les conseillers généraux membres de la commission d'appel d'offres distribuant les marchés aux entreprises, ainsi que le président du conseil général des Yvelines de l'époque. L'instruction permit d'apprendre que les élus monnayaient les marchés d'une façon tout à fait mondaine et décontractée, dans les restaurants de Versailles où ils recevaient des enveloppes de papier kraft contenant plusieurs centaines de milliers de francs en petites coupures en contrepartie des innombrables marchés qu'ils se faisaient fort de distribuer aux entreprises. Les fonctionnaires y touchaient leur dû à travers des réfections opportunes de salles de bains personnelles, de remise à neuf de leurs maisons de campagne, ou d'installation de cuisines luxueuses. Le trafic a duré plusieurs années. Le préfet n'avait rien vu ni rien entendu. La chambre régionale des comptes n'étant pas passée par là, les contribuables payaient le prix des pots-de-vin, sans le savoir. Opacité, absence de contrôle, impunité, voici la devise des conseils généraux et régionaux de France.

Pour le commun des mortels, l'administration libre, autonome, issue des lois de décentralisation de 1982, manifeste le retour des pratiques féodales dans lesquelles les titulaires d'apanages, ces barons ridicules, confondent argent public et cassette personnelle, pouvoir d'administrer et propriété privée.

Il faut revenir sur les raisons d'un aussi sérieux échec.

L'histoire de notre République pourrait se résumer à l'histoire d'un refus obstiné de se démembrer. de se diviser, de redistribuer sa substance, pour n'accepter finalement de le faire qu'auprès d'institutions locales qu'elle a toujours contrôlées. Pas plus que pour son Parlement ou son autorité judiciaire, la République n'a su créer de véritables pouvoirs locaux sous le regard des citoyens. Elle a préféré les confier à des élus qu'elle contrôlait, des notables avec lesquels elle savait s'arranger, plutôt qu'à des citoyens qui auraient construit les conditions de véritables petites démocraties locales.

En vérité, la République a toujours peur de confier à d'autres qu'elle-même, centralisée et confusionnelle, des pouvoirs qu'elle a conquis au fil de l'Histoire. C'est ainsi que les fondateurs de la Ve République ont fait figurer en bonne place dans leur texte suprême et sacré le principe selon lequel la République serait « une et indivisible ».

On affecte aujourd'hui de croire que cette unité et indivisibilité serait une conquête des républicains sur l'ancienne monarchie. Charles Péguy, pourtant observateur passionné de la genèse du mouvement républicain, avait trouvé les mots justes : « La République une et indivisible, c'est notre royaume de France. Rien n'est aussi monarchique et aussi royal, et aussi ancienne France que cette formule [1]. »

Il est vrai que les théoriciens et jurisconsultes du pouvoir monarchique avaient bâti, avant les républicains passionnés de la Révolution française, une théorie identique s'agissant de l'unité et de l'indivisibilité du royaume de France. Dans un traité poussiéreux d'un certain Lebrette qui écrivit en 1632 un ouvrage remarqué intitulé *Traité de la souveraineté du Roi*, on peut lire

1. Charles Péguy, *Œuvre en prose*, tome II, Paris, 1968, p. 1951.

ceci : « La royauté est une suprême et perpétuelle puissance déférée à un seul. La souveraineté n'est non plus divisible que le point en géométrie. »

L'unité et indivisibilité est la théorie capétienne par laquelle il fallait empêcher le démembrement du royaume, mais surtout la division et la dissolution du pouvoir en contre-pouvoirs.

Les révolutionnaires de 1789 ont centralisé la puissance parce qu'ils considéraient à juste titre que laisser les contre-pouvoirs locaux s'exprimer contrecarrait et mettait en péril l'œuvre révolutionnaire. Ils avaient parfaitement analysé l'échec de la modernisation des finances publiques tentée par les ministres successifs de Louis XV et de Louis XVI. Laverdi, Calonne, Necker, Turgot, n'ont jamais pu s'imposer face au pouvoir considérable des aristocraties et des féodaux de province. Les républicains qui voulaient marcher vers un idéal nouveau ont fait de la concentration et de la centralisation absolue des pouvoirs républicains le moyen de briser les privilèges, les franchises ou les assujettissements locaux. L'article X du décret d'abolition des privilèges du 4 août 1789 dit tout de cette juste motivation : « Une Constitution nationale et la liberté publique étant plus avantageuse aux provinces que les privilèges dont quelques-unes jouissaient, et dont le sacrifice est nécessaire à l'union intime de toutes les parties de l'empire, il est déclaré que tous les privilèges particuliers des provinces, principautés, pays, cantons, villes et communautés d'habitants, soit pécuniaires, soit de toute autre nature, sont abolis sans retour et demeureront confondus dans le droit commun de tous les Français. »

Tel est le sens de l'article 1er de la première Constitution de nos Républiques : « La souveraineté est une, indivisible, inaliénable et imprescriptible. Elle appartient à la Nation ; aucune section du peuple, ni aucun individu ne peut s'en attribuer l'exercice. »

C'est à cette occasion que fut créé le département. Le département avait pour premier objectif d'organiser la subordination des provinces aux décisions prises à Paris, cœur vivant de l'idéal républicain. Le rapporteur du projet de loi de division du royaume en départements déclara : « C'est dans la grande division des départements, c'est-à-dire dans leur grand nombre, dans leur multiplicité qu'est la garantie centrale pour la subordination de chacun d'eux [1]. »

Le Chapelier, célèbre député de la Convention, avait vu juste en expliquant le sens de la création des départements : « Quel homme, ami du bonheur et de la tranquillité de ses concitoyens oserait conseiller à une province de s'isoler de l'empire français et de préférer à une Constitution générale des chartes particulières qui n'ont jamais fait que placer le peuple sous le joug de quelques privilégiés ? »

Le pouvoir local, c'est déjà alors le pouvoir des aristocrates et des féodaux. Lorsque la querelle est venue entre les Girondins, désireux de laisser s'exprimer les départements, et les Jacobins, partisans du pouvoir central absolu jusqu'à la Terreur, Robespierre déclara :

« Nous avons soupçonné qu'on voulait faire de la République un amas de républiques fédératives qui serait sans cesse la proie des fureurs civiles ou la rage des ennemis. »

1. Jacques-Guillaume Thouret, *Archives parlementaires*, tome 29, p. 301.

Les départements qui, comme celui d'Eure-et-Loir dès 1790, s'arrogèrent des pouvoirs législatifs en baptisant décrets leurs délibérations et en statuant sur des sujets d'intérêt national, se firent aussitôt rappeler à l'ordre [1]. Dès cette époque, il fallut choisir entre les féodaux et le pouvoir centralisé des révolutionnaires convaincus de construire par ces moyens exceptionnels un ordre nouveau. Aucune des Républiques qui suivirent, jusqu'à la cinquième incluse, n'est sortie de cette épure initiale. Le département, instrument de l'oppression des provinces, qui divisa ces dernières en trois, parfois en quatre, a organisé la division du territoire pour mieux favoriser les intérêts du pouvoir central. Il est paradoxalement devenu le principal véhicule et le réceptacle des mouvements successifs de décentralisation.

Faut-il s'étonner dès lors si le mouvement décentralisateur qui utilisa l'institution départementale échoua ? Les républicains, craignant la perte de substance du pouvoir central qui avait garanti l'implantation de la République dans les esprits, ont utilisé le département – instrument de la centralisation nationale – pour organiser les tentatives successives d'autonomie locale. Et c'est parce qu'ils décentralisèrent sans moderniser les institutions administratives locales qu'ils produisirent la décentralisation dévoyée que nous connaissons aujourd'hui.

Imitation miniature des défauts nationaux de la concentration et de la confusion des pouvoirs, le département symbolise l'échec de la décentralisation. Telle

1. Roland Debbasch, *Le Principe révolutionnaire d'unité et d'indivisibilité de la République*, Presse universitaire, Aix-Marseille, 1988.

qu'elle a été conduite, la décentralisation ne nous a laissé le choix qu'entre deux maux équivalents : soit la centralisation extrême qui paralyse le pays, soit le pouvoir aux féodaux locaux qui excluent le citoyen.

Vue d'en bas, depuis le citoyen, la décentralisation actuelle représente non seulement l'abus de pouvoir mais surtout la suradministration du territoire et l'enchevêtrement des compétences. Les contribuables voient apparaître sur leur feuille d'impôts l'addition des lignes d'imposition. La commune prélève; la communauté de communes, la communauté urbaine, les syndicats intercommunaux en tout genre prélèvent; le département prélève, la région prélève, et l'État ajoute à cette succession d'administrations locales le financement de la sienne gigantesque. Les citoyens regardent avec fatigue, parfois amusement et surtout ironie, s'enchevêtrer sous leurs yeux les compétences concurrentes et multiples, éparpillées entre ces échelons administratifs. Un Huron qui viendrait observer nos administrations locales manquerait de s'étouffer en découvrant que la rénovation des écoles relève du budget communal, celle des collèges, du département, des lycées et des universités, de la région. Quant à la pédagogie, le recrutement et le paiement des enseignants, ils relèvent de l'État.

En matière d'insertion, l'État finance le revenu minimum d'insertion (RMI), pourvoit aux produits assurant l'offre d'insertion (les Contrats emploi solidarité et les Contrats emploi consolidé). Mais ce sont les départements qui ont la charge, au moyen du budget de l'aide sociale, d'organiser le passage, encadré par les travailleurs sociaux, de l'état d'exclusion sociale vers la reprise du travail, c'est-à-dire la diminution du nombre de

RMIstes. Or, les départements n'ayant pas à assumer les conséquences de l'échec de leurs programmes d'insertion, puisque l'État paye à leur place le RMI, n'ont pas suffisamment renforcé leurs équipes de travailleurs sociaux, laissant ainsi sans moyens le travail d'insertion, difficile car nécessitant de suivre la vie quotidienne de plusieurs centaines de nos concitoyens ayant désappris le travail.

L'échec de la réinsertion des exclus de la crise, malgré le nombre considérable de créations d'emplois nouveaux, a provoqué sur le terrain une exaspération des contribuables, qui paient le revenu minimum d'insertion sans relever d'efforts significatifs de la puissance publique départementale pour ramener sur le marché du travail des milliers de personnes, et cela alors que bien des entreprises ne trouvent pas aujourd'hui le personnel qu'elles souhaitent embaucher. La gestion du RMI et de ce travail d'insertion pourrait ne pas relever des départements, dont la gestion clientéliste et routinière ne conduit pas au contrôle strict du respect de ses missions légales de réinsertion, mais au contraire de territoires ayant en commun une histoire, une géographie et un destin. Si ces territoires décidaient de construire des projets d'insertion au plus près de la réalité quotidienne des victimes de la crise, le nombre de RMIstes aurait-il poursuivi sa lente ascension paradoxale de ces dernières années, malgré 800 000 emplois nouveaux créés en deux ans ?

Dès lors, il ne reste que deux solutions. Soit retirer aux départements la politique d'insertion financée d'ailleurs par les contribuables de l'État, soit la confier au plus près du terrain de manière à permettre aux associations de quartier, de générosité publique, de soutien à l'insertion en milieu rural, de participer à la création de projets de réinsertion et de gestion directe de RMI. Dans ces deux cas, la compétence doit être retirée aux conseils généraux. Ce constat peut être d'ailleurs généralisé à l'ensemble des compétences de ces conseils généraux ou même parfois régionaux. La superposition administrative de ces collectivités locales a fabriqué la suradministration du territoire, et souvent le sous-développement dans les villes et dans les campagnes.

Mais la Constitution de la Ve République a sacralisé cette superposition administrative, élective, fiscale et dépensière. Les élus se battent pour des miettes d'administration locale, des petits morceaux de gestion budgétaire, des territoires étriqués dans lesquels ils veulent à leur tour distribuer de l'argent public, à leur convenance et pour les besoins d'une réélection inutile. Ces luttes et ces rivalités d'influence ont fait de la décentralisation une usine à fabrication de notables, génération après génération. Les plus jeunes vont succéder aux plus vieux, avec le même souci de conservatisme des structures administratives, en en faisant payer aux territoires leur inefficacité maladive.

Dans ce tableau de l'impuissance publique, où chacun croit d'ailleurs bien faire, ni les campagnes ni les villes n'ont pu se développer en dehors des mécanismes naturels d'allocation des richesses par le marché. Des pans entiers de la ville ont été abandonnés par la puissance publique, malgré les sursauts tardifs d'une politique de la ville insuffisante. Les campagnes n'ont que le mot d'aménagement du territoire à la bouche, sans comprendre qu'aussi longtemps que les élus locaux se comporteront comme des quémandeurs de subventions pour administrer un territoire minuscule, parce que enfermé dans des limites budgétaires et géographiques qui restreignent leur action, ils continueront à voir ce territoire dépérir.

Interrogez tous ceux qui, en milieu rural, ont voulu un jour lancer un projet audacieux. Ils sont allés voir le maire qui a expliqué que ce projet dépassait les moyens budgétaires communaux, et qu'il serait nécessaire de s'adresser à la communauté de communes, qui dispose de compétences au nom de plusieurs communes désirant agir ensemble. Le président de la communauté de communes a dû lui dire que cela dépassait non seulement les moyens qui étaient les siens, mais également les compétences que les communes lui avaient déléguées, et qu'il serait nécessaire d'aller voir le conseil général. Le conseil général a dû lui répondre qu'il ne disposait que de quelques compétences ne permettant pas de mettre en œuvre un projet aussi ambitieux, et qu'il faudrait trouver par ailleurs des relais financiers locaux. Se rendant auprès des services de l'État, le même a dû s'entendre dire que l'État ne pouvait pas agir au lieu et place des collectivités locales « s'administrant librement ».

C'est ainsi que les campagnes sont passées à côté de l'augmentation de la richesse collective de la Nation, qu'elles se sont dépeuplées parce que la jeunesse ne croyait plus à cette terre et qu'elle ne désirait pas y implanter son avenir et son destin.

Voilà pourquoi il est aujourd'hui impérieux de préparer la restructuration de fond en comble de l'organisation territoriale. De supprimer un ou deux niveaux d'administration locale, car les citoyens et les contribuables n'ont pas besoin d'administrations supplémentaires. Ils ont besoin de développement et de créativité. Ils n'ont pas besoin de ces élus déjà trop nombreux, ils ont besoin au contraire que les élus laissent davantage de place aux citoyens et à ceux qui font vivre les territoires plutôt qu'à ceux qui l'administrent.

C'est ainsi que le législateur a fait naître dernièrement de nouveaux instruments de l'action locale : il s'agit des « pays » et des « agglomérations ». Ces « pays » dont les territoires rassemblent une identité commune pourront enjamber les découpages administratifs de la Révolution française, et recréer des entités réunies par le désir d'agir et de vivre ensemble. S'agira-t-il pour autant de créer une nouvelle collectivité locale, disposant de fiscalité et de moyens d'exécution ? La réponse est négative, car faute d'avoir eu le courage politique de supprimer l'un des niveaux d'administration locale, il était impossible d'aller plus loin dans cette création nouvelle et intéressante.

La politique naissante et embryonnaire des « pays » permettra aux territoires déshérités de s'organiser autour de projets de développement économique en dehors des limites administratives des départements, des communes et des régions. Il ne s'agit pas d'une nouvelle administration, mais d'une formule contractuelle permettant à l'ensemble des protagonistes d'un territoire, les simples citoyens d'abord, les exploitants agricoles, les syndicats d'ouvriers, les associations culturelles, les personnes engagées dans le mouvement sportif, les élus locaux, et tous ceux qui contribuent à faire vivre l'identité d'un territoire, de décider d'agir en commun.

Enfermés dans des décennies de clientélisme, les élus locaux ne parviennent pas à comprendre ce nouveau logiciel du développement local. Les citoyens, eux, comprennent qu'ils seront désormais associés au destin de leur territoire. Réunis en associations, en sociétés, en syndicats, ils découvrent qu'il est possible qu'on leur demande leur avis et que celui-ci puisse servir à quelque chose, sans qu'il soit capturé et confisqué par des élus dont le monopole est devenu pesant et insupportable.

C'est à ces citoyens qu'il faut désormais confier les compétences qui auraient déjà dû leur être attribuées dans les années 80, lors du mouvement de décentralisation. C'est à eux qu'il faut confier les compétences de formation professionnelle, de réinsertion, de lutte contre l'exclusion, de projets éducatifs, sportifs, culturels, de développement touristique et économique. Car aucune de ces compétences n'a de raison d'être éclatée entre trois ou quatre collectivités locales donnant ainsi le pouvoir à des élus politiquement rivaux qui distribuent finalement l'argent public à leur clientèle respective. L'avenir est donc dans le contrôle continu des citoyens sur les décisions publiques et dans leur association à l'administration locale et aux projets locaux de développement.

Il existait dans la Grèce du ve siècle une procédure dite de « reddition des comptes » où, à l'issue du compte rendu annuel de mandat obligatoire que chaque élu avait le devoir de produire sur la place publique, tout citoyen pouvait se lever et réclamer des comptes, provoquant un débat public sur les décisions qui avaient été prises [1]. Ce sens de la démocratie permanente, opposé à

1. Gustave Glotz, *La Grèce au ve siècle*, 1931.

la démocratie confisquée par les élus territoriaux, est l'avenir de l'autonomie locale.

Je crois que la loi républicaine pourrait sans difficulté instaurer une procédure de reddition des comptes une fois par an, devant tous ceux qui voudraient se rassembler pour poser les questions, certes fâcheuses, mais nécessaires à la respiration démocratique de la vie locale. Pour ma part, comme député à plein temps, je consacre, sur six mois de l'année, une soirée par semaine à me rendre dans les 144 communes de ma circonscription, où je rends compte des décisions que j'ai soutenues, des votes que j'ai choisis à l'Assemblée nationale, et des problèmes locaux que j'ai contribué à résoudre à travers mon action parlementaire. Ce travail, épuisant pour un élu, mais indispensable pour rétablir la confiance, provoque l'intérêt de nos concitoyens. Il n'est pas rare que dans une commune d'une centaine d'habitants, je voie arriver une trentaine de personnes, de toutes opinions, désirant passer une soirée à débattre des affaires de la cité. La Grèce antique nous montre le chemin, retournons-y retrouver l'amour de la République des origines.

Ces évolutions importantes ne pourront pas s'épargner le choix courageux de supprimer les conseils généraux, ancien instrument d'oppression des territoires et de l'esprit local, devenu aujourd'hui un instrument de féodalisme budgétaire et politique local. Il est souvent devenu d'ailleurs une méthode de domination sur les élus récalcitrants. La tutelle de l'État s'est effacée au profit d'une tutelle reconstituée par des notables dont les abus ne rencontrent, s'ils existent, aucun obstacle et aucune contradiction. La suppression des conseils généraux de France est urgente, car elle participera à la véritable libération des territoires.

Les compétences de ces collectivités locales pourront être redistribuées aux « agglomérations » ou aux « pays ». Cette solution donnera un formidable oxygène aux territoires, et allégera enfin les cœurs des citoyens désireux de travailler au destin de leur territoire. La disparition des conseils généraux donnera des idées aux citoyens et aux élus communaux soucieux de s'engager vers la prise en main de leur propre destinée.

Ils n'attendront plus du ciel que les subventions scintillent et pleuvent. Ils iront eux-mêmes rechercher des solutions de développement. La prime ne sera plus à la connivence ou à la cour faite aux notables locaux, mais à la créativité des projets proposés, au désir de s'organiser localement plutôt que de se livrer au décrochage de subventions, sport individuel ressemblant aux pompons qu'on attrape dans les manèges sur les champs de foire.

Il faudra bien sûr affronter le club activiste des présidents de conseils généraux, très implanté au Sénat et à l'Assemblée nationale grâce au cumul des mandats. Lorsque l'Assemblée nationale légifère sur un sujet relatif à l'administration locale, vous voyez toujours arriver en commission, par vagues successives, les députés directement et personnellement intéressés au problème. Le conflit d'intérêt est direct, total et parfois impudent. Les présidents de conseils généraux défendent dans l'hémicycle des intérêts particuliers alors qu'on leur demande d'être des représentants de la Nation. L'intérêt de la Nation n'a jamais été l'intérêt des présidents de conseils généraux.

Il reste que l'ensemble des collectivités locales, telles qu'organisées depuis les lois de 1982, a également besoin de subir le contrôle continu de nos concitoyens. La démocratie n'est pas seulement, surtout lorsqu'elle est locale, le pouvoir délégué pendant le temps du mandat, assorti de l'organisation de la passivité des citoyens délégants pendant cette période. Le citoyen qui paie des impôts, qui désire se forger une opinion, qui dispose d'une opinion, qui l'exprime, qui dispose de droits à faire valoir sur la puissance publique locale, doit pouvoir disposer des moyens d'infléchir les délibérations des collectivités publiques, de les contredire ou de les contester. Cette conception continue de la démocratie, inspirée du contrat social de Jean-Jacques Rousseau, est à inventer sur le plan local et national. Il faut construire une loi donnant le pouvoir de trancher des questions d'intérêt local à travers des référendums d'initiative locale.

Il ne faut pas avoir peur des référendums d'initiative populaire. Dans les petites républiques cantonales suisses, ces référendums ont une portée considérable, et la réponse du peuple est toujours apparue pertinente. Dernièrement, à l'initiative des citoyens sensibles à la cause de l'environnement, un référendum a été organisé dans le canton de Berne, sur la question de savoir s'il fallait fermer d'autorité une centrale nucléaire installée sur le territoire de ce canton. Les citoyens répondirent à 63 % qu'il ne pouvait en être question. Ils avaient mis en balance les nécessités de l'indépendance énergétique et les risques hypothétiques d'atteinte à l'environnement. Plus récemment encore, un référendum d'initiative populaire a été organisé sur la question de savoir s'il fallait dans les cantons suisses diminuer la proportion d'étrangers par rapport à la communauté nationale. Le projet de loi d'initiative populaire proposait de passer de 19,6 % d'étrangers dans la population helvétique à 18 %. Le gouvernement a pris position contre cette proposition. De nombreux partis ont soutenu le gouvernement dans son refus. Le verdict des urnes donna 60 % en faveur du rejet. Les électeurs sont des adultes et des citoyens réfléchis. Voilà pourquoi nous pouvons compter sur leur intelligence et leur confier des compétences que les élus ne sont pas toujours capables d'exercer seuls.

Enfin, il faudra bien finir par obliger les administrations locales à donner des informations aux citoyens sur simple demande, et offrir aux contribuables la possibilité de contester à tout moment, et de participer à la délibération. Donner également aux citoyens la possibilité de saisir les chambres régionales des comptes afin d'obtenir vérification et contrôle rapide de délibérations qu'ils contestent.

Il reste ainsi à organiser, face à la dictature des élus locaux, les moyens pour les citoyens et les contribuables de se défendre [1], et d'honorer par ces possibilités nouvelles le beau mot de démocratie. Tout, en la matière, reste à faire.

1. Dominique Rousseau, « La Démocratie continue », *Le Débat*, 1997.

Le gouvernement des autistes

> AUTISME, nom masculin, 1923, *autismus*, du grec, *autos*, soi-même.
> Psychiatrie : Repliement sur son monde intérieur du sujet qui refuse le contact avec le monde extérieur.
>
> Grand Larousse universel

Tout gouvernement préfère les parlementaires absents. Cela tombe bien, les occupations liées au cumul de leurs multiples mandats et fonctions leur donnent du travail dans leur circonscription. Pendant que les chatons parlementaires dorment, la grosse souris gouvernementale danse et travaille, elle, pour la grandeur du pays ! C'est dans cet esprit que le général de Gaulle et l'équipe de Michel Debré ont conçu les institutions. Ils ont créé deux sessions rétrécies de trois mois chacune, l'ordre du jour exclusivement maîtrisé par le gouvernement et le pouvoir d'amendement limité aux détails, à la décoration et aux garnitures.

Grâce à l'organisation méthodique de la disparition à éclipses du Parlement et des députés, les citoyens ont perdu cette relation si affective, exigeante et parfois violente qu'ils entretiennent avec les décisions prises en leur nom. La ligne directe, comme il existe les lignes téléphoniques directes entre des interlocuteurs qui se parlent et s'estiment, a été coupée en 1958. Elle n'a jamais été rétablie.

Car si le bon citoyen espérait mettre dans l'Assemblée nationale l'espoir d'un contre-pouvoir, il risquerait, dans les institutions actuelles, d'être âprement déçu.

Cette analyse a été faite en 1991 par Jean-Michel Belorgey, député de l'Allier et président de la Commission des affaires culturelles, familiales et sociales de l'Assemblée nationale. Il publia un livre fameux, *Le Parlement à refaire*. Dix ans plus tard, rien n'est refait. Rien n'a changé à la liste des motifs de rejet opposés par le gouvernement aux amendements déposés par les députés socialistes, sur les projets de loi présentés par le gouvernement d'alors, lui aussi socialiste [1] :

« 1. Le président de la République a tranché personnellement.

2. L'Élysée est contre.

3. Ce point a été arbitré à Matignon.

4. Le Conseil d'État n'a pas conseillé cette solution.

4 *bis*. Le Conseil d'État a conseillé cette solution, c'est donc un piège.

5. Le ministre ne peut pas céder sur ce point.

6. La solution proposée risque de nuire à la conduite des relations diplomatiques de la France.

6 *bis*. On va se planter à Bruxelles.

7. Cet amendement est techniquement inapplicable car trop lourd pour l'administration.

8. Le mécanisme est complexe, il ne faut pas y toucher.

1. Jean-Michel Belorgey, *Le Parlement à refaire*, Gallimard, 1991.

8 *bis*. Le mécanisme est simple, il ne faut pas y toucher.

9. Matignon s'est engagé sur ce point vis-à-vis du patronat. Il est donc politiquement impossible de revenir sur cette mesure.

9 *bis*. Matignon n'a pris aucun engagement vis-à-vis du patronat. Il est donc politiquement impossible de proposer cette mesure.

10. Vous y tenez vraiment ?

11. Les lois de finances ne s'inventent pas car le gouvernement est mieux placé que le législateur pour décider des mesures les plus appropriées.

12. Il ne faut pas trop serrer le dispositif afin de laisser au gouvernement une marge de négociation avec les parties en présence.

12 *bis*. Il faut serrer le dispositif, afin de retirer aux parties en présence la tentation de demander au gouvernement de négocier.

13. L'article 40 de la Constitution s'y oppose.

14. Le Conseil constitutionnel ne laissera pas passer.

14 *bis*. Juridiquement ça tient, mais on ne peut pas prendre de risque.

15. Toute mesure annoncée à la télévision est définitive. »

Les bons citoyens de France peuvent comprendre, à partir de cette liste, ce que nous endurons pour défendre leurs intérêts.

Il nous faut aussi affronter le mépris du gouvernement et de ses conseillers. Il n'est qu'à voir de qui est composé le personnel des conseillers chargés des relations avec nous autres, c'est-à-dire avec vous, chers citoyens de France. Ce sont souvent des enfants perdus dans la gérontocratie de l'administration, dont le poids politique au sein des cabinets ministériels est l'équivalent d'une feuille de papier à cigarette. Les messages que nous adressons aux ministres concernés se perdent dans le brouhaha probable des réunions de leur cabinet. Combien de députés de France, rarement écoutés, jamais entendus, cherchent à atteindre le fonctionnaire qui ne les rappellera jamais, ou le directeur de cabinet issu de la haute fonction publique lui aussi injoignable et forcément débordé, car ils le sont toujours pour un parlementaire.

Certains ministres ont compris l'utilité de faire de leur premier conseiller particulier ou spécial le responsable des relations avec le Parlement afin de conserver ce lien si précieux avec ceux dont procède leur propre souveraineté. Car le pouvoir exécutif ne se souvient pas assez qu'il est un exécutant de la volonté du peuple, avant d'être un pouvoir.

Certains ministres furent nommés, qui ne connaissaient pas même l'odeur ni le bruit du suffrage universel. Pour certains de ces ministres, les députés ont de la crotte aux souliers. Ils pensent forcément mal, sont de vulgaires dépensiers qui n'ont aucun sens de la dignité et de la grandeur de l'État, dont l'administration est, elle, le garant.

Face à cette catégorie de ministres, le député de base, sans poids politique particulier, ne dispose plus que de moyens extraordinaires et excédant les limites de la politesse. Je fais partie de ceux-là et je prie de me pardonner tous ceux qui, m'ayant eu comme interlocuteur, ont pu se sentir offensés par des paroles inutilement agressives.

J'ai dû, après avoir constaté l'enfermement et l'autisme de certains ministres, en arriver à l'utilisation des moyens désagréables de la force.

Si le député est gymnaste, il pourra choisir d'aller se pendre par les pieds aux lustres des ministères qui refusent de l'entendre.

S'il est un tantinet goujat, il peut choisir d'arriver à l'improviste dans les bureaux des directeurs de cabinet, sans rendez-vous, et attendre avec du travail la matinée entière avant d'être reçu.

S'il est comme moi procédurier, il attaquera devant les juridictions les décisions des ministres violant la loi qui est la nôtre, que nous autres députés avons faite, et que nous avons le devoir de faire respecter. En trois années révolues de mandat, j'en suis à avoir déjà attaqué devant le Conseil d'État un décret de Jean Glavany et une circulaire de Christian Sautter et de Dominique Voynet, faute d'avoir été consulté ou entendu par ces ministres. Le Conseil d'État ne m'a d'ailleurs pas toujours donné tort. J'encourage d'ailleurs chaque jour chacun de mes collègues à en faire autant, et leur donne des conseils dans ce but.

Comment accepter qu'une loi votée ne trouve pas de décret d'application après six mois, neuf mois, un an, deux ans ou même jamais ? Comment accepter qu'une loi votée donne lieu à un décret d'application ou à une circulaire qui contourne l'essentiel de sa teneur ? Comment accepter que l'administration chargée de faire appliquer une loi soit la première à la violer ? La loi est souveraine et sacrée pour le gouvernement. Il nous reste à le lui rappeler, à chaque instant.

Tels sont donc les ingrédients de l'enfermement gouvernemental dans ses hautes certitudes.

Pire encore, certains Premiers ministres organisent volontairement leur isolement. Ils construisent entre leur majorité et eux-mêmes un rempart infranchissable. Leurs conseillers se comportent en caporaux chargés de mettre les députés en rang, au garde-à-vous et en silence. Les ministres, pourtant chargés par la Constitution de prendre des initiatives dans leur propre domaine, initiatives dont ils rendent compte devant le Parlement, sont surplombés par les conseillers du Premier ministre qui acquièrent une force plus importante que la leur. Le conseiller du Premier ministre est un personnage plus influent que n'importe quel ministre dans ce système à la dérive, retrouvant la concentration du pouvoir et aboutissant à l'enfermement, parfois à la folie.

Alain Juppé fut de ceux-là.

Il faut repasser sur l'écran de notre mémoire défaillante le film des événements politiques du mois de novembre 1995, date à laquelle le jeune gouvernement Juppé décida d'engager une grande réforme de la protection sociale : allongement de l'âge de la retraite pour les salariés du secteur public, augmentation massive de la Cotisation sociale généralisée, création de la Contribution au remboursement de la dette sociale. Sa réforme profonde fut intitulée pour les besoins de la dramatisation « Plan de sauvetage de la Sécurité sociale ».

Dans cette affaire, tous les instruments de l'autoritarisme politique se sont conjugués pour aboutir à l'isolement du gouvernement Juppé et à sa condamnation massive par le pays.

La première démarche d'Alain Juppé fut de s'instituer lui-même créateur, régisseur et metteur en scène de ce plan, faisant ainsi disparaître le rôle délibératif du gouvernement. Le ministre des Affaires sociales disparut corps et bien de la scène de l'arbitrage gouvernemental. Celui-ci avait engagé une concertation sans utilité avec les chefs des différents grands syndicats concernés par la réforme. Le ministre chargé de ce dossier fut placé à l'écart, sous le boisseau des intentions par ailleurs restées secrètes du Premier ministre.

L'absence de délibérations au sein de gouvernement allait-elle inciter le Premier ministre à rechercher la délibération avec le Parlement ? Il n'en fut absolument rien. Le Premier ministre choisit au contraire une méthode unilatérale, que la Constitution lui permettait de mettre en œuvre en toute tranquillité. Il organisa un pseudo-débat parlementaire sans même avoir fait connaître ses propres intentions de réforme. Et les députés d'y aller de toutes leurs suggestions à l'aveuglette et à colin-maillard, cinq minutes pour l'un, dix minutes pour l'autre, sans être en mesure de se prononcer sur des décisions déjà prises avant même qu'ils en eussent connaissance. Mieux, le Premier ministre Alain Juppé décida d'annoncer son projet... après le débat. Plus surprenant encore, il décida d'engager un vote de confiance à l'issue de sa déclaration, à peine quelques heures plus tard. L'opposition put ainsi déclarer : « Le Premier ministre va annoncer ses décisions mercredi à 16 heures, il faudra voter mercredi dans la soirée. C'est une modalité qui, dans une démocratie, est un peu particulière. »

Enfin, comble de mépris des représentants de la Nation, le gouvernement décida de procéder par ordonnances, c'est-à-dire d'obtenir du Parlement une délégation de son pouvoir législatif entre les mains du gouvernement, ce qui fit dire avec raison à un député de l'opposition : « La majorité vous donnera un chèque en blanc pour légiférer par ordonnances et éviter un grand débat public. Cette procédure est antidémocratique et inacceptable. »

Peu avant ce débat parlementaire factice et inutile, on apprit pourtant que les éléments de diagnostic justifiant le plan de « sauvetage » de la Sécurité sociale avaient déjà été critiqués publiquement au sein de la majorité. Le rapporteur général du Budget, pourtant membre du parti du Premier ministre, avait souligné que les déficits cumulés de la Sécurité sociale, justifiant les prélèvements supplémentaires du plan dit de « sauvetage », s'élevaient, selon lui, à 120 et non à 230 milliards de francs, contrairement à ce qu'avait indiqué le Premier ministre. Cette querelle d'évaluation et de diagnostic ne fut pas levée avant l'ouverture du débat à l'intérieur de la majorité. Aucune autre voix désagréable pour le Premier ministre ne se fit entendre dans cette majorité dangereusement massive qui comportait 470 députés favorables au gouvernement contre 90 malheureux députés de l'opposition. Les godillots du gaullisme furent comme toujours au rendez-vous. Michel Péricard, président du groupe RPR, déclara : « Le débat fut intense, mais nous sommes aujourd'hui rassemblés comme toujours dès que l'intérêt supérieur du pays est en jeu ! » Yvon Jacob, député RPR, s'exclama en sortant de l'hémicycle : « Je viens d'entendre le discours que je rêvais d'entendre depuis que je suis entré en politique. »

Voici ce que rapporte le chroniqueur politique du journal *Le Monde*, ce jour-là présent dans l'hémicycle : « Alain Juppé commence à parler. De justice. Les réformes s'ajoutent aux réformes. Le ton est ferme, sûr, convaincu. L'hémicycle frémit. Il parle de " responsabilité ". Les expressions magiques de " révision constitutionnelle ", " d'acte fondateur " sont lancées. L'hémicycle exulte. Il se voit déjà en Congrès à Versailles. Elle est donc sérieuse, cette réforme. Puis il parle enfin d'urgence. C'est l'heure, lucide et dangereuse, de l'addition, mais l'hémicycle est gavé, repu, un peu enivré. Il ronronne et signe des deux mains. Ovation. Frédéric de Saint-Sernin (RPR), Laurent Dominati (UDF), Jean-François Coppé (RPR), Dominique Bussereau (UDF), Pierre Bédier (RPR) se précipitent dans les couloirs. Nul carnet, micro, caméra ne doit échapper à leur enthousiasme. Nicolas Sarkozy lance, bravache : " Je n'ai pas résisté au plaisir d'applaudir à des propositions avec lesquelles j'étais en parfait accord, puisque c'étaient les miennes. " Plus amer, un autre balladurien, Jean-Pierre Delalande (RPR), soupire : " On fait le travail, on sème, et c'est Alain Juppé qui récolte. On a peut-être gagné intellectuellement, mais c'est lui qui ramasse la mise. "[1] »

Alain Juppé, au moment où il regagne sa place devant un hémicycle plein à craquer, reçoit le déferlement des vagues d'applaudissements sur les bancs de la majorité occupant les quatre cinquièmes des sièges disponibles.

Quarante-huit heures plus tard, un sondage indiquait que 79 % des personnes interrogées jugeaient que les efforts demandés aux faibles revenus étaient trop importants. Les Français jugeaient ce plan antisocial. Quinze jours plus tard, le pays était paralysé par des grèves bon enfant et très populaires. À la télévision quelques jours

1. *Le Monde*, 17 novembre 1995, récit du service France.

plus tard, le Premier ministre admettait qu'il y avait « peut-être eu un contraste entre ce que les Français attendaient et la réalité ». Puis, après le déclenchement des grèves paralysantes, le Premier ministre proposait publiquement et un peu honteusement « une relance de la concertation ». Il demandait aux ministres qui avaient disparu depuis le début des opérations chirurgicales menées par M. Juppé lui-même de recevoir les dirigeants des grandes confédérations syndicales et des organisations professionnelles. À l'intention du Parle ment, il indiquait, s'agissant des ordonnances qui déléguaient au gouvernement le pouvoir de légiférer, qu'il « s'engageait à les élaborer en consultant les commissions parlementaires concernées ». Il était grand temps mais il était trop tard.

Il faut relire au *Journal officiel* le discours d'Alain Juppé du 13 novembre 1995 [1]. Le Premier ministre, sûr de lui, ayant délibéré dans la solitude de sa formidable conscience en soliloque avec lui-même, ne trouva qu'une seule référence à installer dans son discours d'anthologie : Napoléon, référence autoritaire, violemment antidémocratique, dont il reprit l'expression imagée des « blocs de granit » qu'il faut soulever, et qu'il ne souleva d'ailleurs point, pour cause d'orgueil démesuré.

Lionel Jospin, instruit par les justes leçons données par son prédécesseur, tenta de faire le contraire. Cinq jours après la victoire de la majorité actuelle aux élections législatives, le nouveau Premier ministre adressait une circulaire à ses ministres et secrétaires d'État organisant le travail et les décisions gouvernementales dans

1. Assemblée nationale, *Journal officiel*, Débats parlementaires, 2e séance du 13 novembre 1995, p. 3549.

d'autres conditions que ce que le passé avait pu permettre. Il rendait le ministre responsable unique de son domaine de compétence et organisait le débat collégial.

« Chaque ministre et chaque secrétaire d'État a la responsabilité de préparer, dans le domaine d'attribution qui est le sien, des décisions que le gouvernement doit prendre. (...) Lorsque, pour la préparation de telle ou telle mesure relevant de vos compétences, les attributions d'autres membres du gouvernement sont en cause, il vous appartiendra d'engager sans attendre avec eux les discussions nécessaires. La préparation des décisions suppose, dans d'assez nombreux cas, qu'une concertation ait lieu avec les représentants des intérêts en cause dans la société. La qualité du dialogue que les pouvoirs publics entretiennent avec les représentants des diverses composantes de la société est à la fois la marque du respect qu'il lui porte et un gage de réussite de l'action de l'État.

« Vos propositions seront examinées à l'occasion de réunions interministérielles tenues à l'hôtel Matignon, sous ma présidence lorsque votre présence personnelle sera requise. (...) Les positions que votre département ministériel défend au cours de ces réunions devront être étayées par un bilan argumenté de leurs avantages et de leurs inconvénients. Je vous réunirai par ailleurs afin de débattre collégialement des orientations de la politique gouvernementale. »

Lionel Jospin rétablit la délibération collective au sein d'un gouvernement dans lequel le ministre retrouve la plénitude de ses compétences. Le ministre devient le véritable collaborateur du Premier ministre au lieu et place des conseillers sans légitimité.

Le débat entre les ministres est une garantie de justesse de la décision prise. Car il y a toujours plus de risques qu'un homme seul, entouré de conseillers faiblement courageux, se trompe, que vingt personnes décidant de délibérer ensemble, ayant des intérêts contradictoires. Cette prescription a fait la réussite de Lionel Jospin. Il a introduit par des obligations formelles un mécanisme de délibération dont la Ve République lui permettait de se passer. D'ailleurs, dans sa circulaire, le Premier ministre indiquait en conclusion : « Ces règles méthodologiques peuvent vous paraître formelles. Elles n'en sont pas moins indispensables à la réussite de l'action du gouvernement. »

Lionel Jospin a par ailleurs exigé que les membres du gouvernement prennent davantage en considération les membres du Parlement.

« Les membres du gouvernement doivent donner la priorité à leur participation aux travaux du Parlement, qu'il s'agisse de défendre la position du gouvernement dans les discussions conduisant au vote des lois ou de répondre aux questions des députés et des sénateurs. L'expérience montre clairement que le débat parlementaire contribue de façon décisive à l'élaboration de la loi. Aussi la qualité d'un texte est-elle indissolublement liée au bon déroulement des travaux parlementaires, ce qui impose un dialogue constant avec le Parlement, exclut toute précipitation. (...) La participation des membres du gouvernement aux séances de questions à l'Assemblée nationale comme au Sénat constitue une obligation, ces séances représentant un temps fort dans les relations entre le gouvernement et le Parlement. Par ailleurs, les membres du Parlement se plaignent des délais trop importants mis pour répondre à leurs questions écrites, qui constituent une modalité importante de l'exercice par le Parlement du contrôle de l'activité gouvernementale. Un délai d'un mois est donné aux ministres pour répondre à ces questions ; la faculté vous est offerte de différer votre réponse d'un délai supplémentaire d'un mois, mais il ne doit pas en être fait un usage excessif. »

Les petits malheurs de la présente législature sont arrivés précisément avec le non-respect de ces prescriptions d'airain. Tel fut le cas dans l'échec cuisant de la réforme de la modernisation des services fiscaux.

Chaque contribuable connaît la complexité des procédures, la multiplicité des interlocuteurs pour l'établissement et le recouvrement de ses impôts, qu'il soit un particulier ou un professionnel. Ainsi, un contribuable est en relation habituelle avec au moins cinq interlocuteurs pour accomplir ses obligations fiscales : un centre des impôts où l'on établit son avis d'imposition sur la base de sa déclaration fiscale annuelle ; un centre des impôts fonciers pour les questions d'assiette de la taxe foncière et de la taxe d'habitation ; une trésorerie pour payer son impôt, qui ne se situe pas dans les mêmes locaux que le centre des impôts ou que le centre des impôts fonciers ; un service de la redevance audiovisuelle ; une recette des impôts s'il n'a pas acheté sa ci-devant vignette automobile à temps auprès d'un débitant de tabac. S'y ajoutent, pour le contribuable, autant d'interlocuteurs qu'il aura de résidences secondaires. Par ailleurs, le lieu de la résidence principale n'est pas forcément le même que celui d'un local annexe, comme un parking, car il n'est pas rare que l'artificialité des découpages des centres des impôts dans les villes amène les contribuables à devoir subir la multiplication des interlocuteurs fiscaux. En outre, les délais de paiement demandés par le contribuable s'accordent à la trésorerie, les dégrèvements au centre des impôts, les réclamations sur l'évaluation d'un bien immobilier au centre des impôts fonciers du lieu où se trouve le bien.

Les sociétés ou autres personnes morales ont au moins quatre interlocuteurs : au lieu de leur siège, une recette des impôts pour la TVA ; un centre des impôts pour le dépôt des déclarations courantes ; la trésorerie du lieu du siège social et des différents établissements pour le paiement de la taxe professionnelle et de la taxe sur les salaires ; la trésorerie spécialisée pour le paiement de l'impôt sur les sociétés. Si elles sont importatrices, elles doivent s'adresser au réseau de la direction générale des douanes qui reçoit les encaissements de TVÀ sur les importations ; la taxe professionnelle et la taxe sur les salaires sont acquittées dans chacune des trésoreries dont dépendent leurs établissements pris un à un.

Le ministre des Finances a donc confié en avril 1999 à deux hauts fonctionnaires le soin d'examiner ce problème, l'un est chef de l'Inspection générale des finances, l'autre est directeur général de l'INSEE. En un an, ces deux hauts fonctionnaires ont commandé des études auprès de 3 000 usagers, particuliers, professions libérales, entreprises. Ils ont mené des enquêtes internes portant sur un échantillon de plus de 2 400 visiteurs à la direction générale des impôts. La mission a provoqué 1 890 réunions tenues à l'échelon des départements ou des centres des impôts ou des trésoreries, qui ont réuni plus de 46 000 agents de tous grades. La mission a reçu 774 contributions libres d'agents ou groupes d'agents par courrier papier ou électronique et 494 contributions sur un forum ouvert pour les travaux de cette mission pilotée par ces deux hauts fonctionnaires.

Les conclusions de ce travail ont été assez directes et formelles : « Cette situation est aberrante en terme d'organisation. Les usagers sont susceptibles d'être renvoyés d'un service à l'autre. Les agents, dont les informations ne peuvent qu'être de ce fait mal partagées, voient leur travail compliqué par des tâches de liaison mais surtout par l'absence de maîtrise d'un dossier dont on trouve des éléments dispersés en plusieurs lieux. L'État ne peut qu'y perdre en efficacité, en coût indu de coordination et en possibilité de contrôle et de recoupement. La dichotomie entre le Trésor public et les services fiscaux laisse indifférents près de la moitié des contribuables. Elle crée cependant une certaine forme d'impatience chez les particuliers à y effectuer une ou plusieurs démarches, exposés de ce fait à la gêne pratique occasionnée par un partage des compétences mal connues. (...) En tout état de cause, plus de la moitié des particuliers estiment regrettable la séparation entre les deux réseaux. Chez les publics professionnels, l'appréciation négative sur les découpages fonctionnels actuels est beaucoup plus nette : l'existence de plusieurs services chargés d'encaisser les paiements est condamnée par 56 % des entreprises, 44 % des indépendants; la séparation entre services d'assiette et services de recouvrement est jugée négativement par 60 % des entreprises et 49 % des indépendants. L'étude qualitative fait nettement ressortir l'irritation des contribuables subissant la complexité des partages de compétence, avec le sentiment pénible que tout le monde “ se renvoie l'ascenseur ”, qu'il s'agisse des déplacements ou des contacts téléphoniques où l'on est obligé “ de raconter à chaque fois son problème ”. Certains contribuables voient donc dans la fusion pure et simple des administrations fiscales sous une même hiérarchie la solution aux désagréments provoqués par la dualité actuelle : “ Ça ne devrait faire qu'un, il y a un patron de trop, c'est la lourdeur administrative ”, analyse l'un d'eux. »

Le rapport proposait ainsi un interlocuteur fiscal unique pour les entreprises et pour les particuliers. Le rapport de MM. Bert, chef de l'Inspection générale des Finances, et Champsaur, directeur de l'INSEE, évaluait les gains de productivité liés à une organisation différente à l'équivalent de 1 500 emplois économisés par les finances publiques. Il est vrai que le coût total de cette double administration est supporté par les contribuables, qui doivent en France assumer l'un des coûts de recouvrement de l'impôt les plus élevés d'Europe.

Combien faudra-t-il encore d'échecs pour s'attaquer aux vices constitués de cette République autoritaire : décision prise dans la solitude d'un génie ministériel, annonciation de l'oracle au Parlement muet et coi d'admiration, et au peuple tout entier ébloui et reconnaissant.

Le ministre de l'Économie et des Finances d'alors, Christian Sautter, et la secrétaire d'État chargée du Budget, Florence Parly, sont tous deux de hauts fonctionnaires qui n'ont jamais affronté le suffrage universel. La circulaire du 6 juin 1997 de Lionel Jospin leur prescrivait une méthode de travail et de dialogue qui les préservait des conséquences d'une telle méconnaissance. Ils ne l'ont pas respectée. Ces écarts méthodologiques sont la cause des malheurs de cette importante réforme.

La chance voulait que les syndicats de fonctionnaires ont toujours indiqué publiquement qu'ils étaient en accord avec les principes du projet de modernisation des deux réseaux de calcul et de collecte de l'impôt. Mais, de façon unanime, les syndicats de fonctionnaires des deux directions concernées ont également dénoncé l'absence de dialogue avec le ministre, justification originelle exclusive de leur mouvement de grève. En vérité, le ministre avait, dans son esprit, délégué la concertation au sein des deux administrations à deux hauts fonctionnaires chargés d'établir le diagnostic. Ce fut là la première erreur. Car comme le prescrivait la circulaire Jospin, il était nécessaire que le ministre lui-même, interlocuteur politique, engageât le dialogue avec les salariés de l'administration. Il était vain d'espérer que le dialogue s'instaurât entre deux hauts fonctionnaires, dont l'un, chef de l'Inspection générale des finances, est porté à l'arrogance naturelle de ce corps. De surcroît, le ministre rendit publiques les conclusions du rapport de ces deux hauts fonctionnaires au moment où la concertation n'était pas achevée. Les syndicats de fonctionnaires ont pu légitimement penser que la concertation était factice et que les décisions avaient déjà été prises.

Par ailleurs, le Parlement fut tenu à l'écart de l'ensemble de ce projet de réforme. Contrairement aux prescriptions méthodologiques « formelles » contenues dans la circulaire de Lionel Jospin, les députés ont pris connaissance du rapport de MM. Bert et Champsaur à travers les syndicats locaux de fonctionnaires des impôts, venus en masse rendre visite aux parlementaires dans les permanences de leur circonscription. Ceux-ci ont fait part aux élus de toute nature, nationaux et locaux, de leurs craintes quant aux conséquences de la réorganisation du réseau des trésoreries rurales. Les élus locaux, dont la puissance est maintenant connue du lecteur, se sont emparés de cette question pour demander l'ajournement de cette réforme qui n'avait pas été concertée sur le plan politique par le ministre, mais exclusivement entre deux chefs de service chargés d'un rapport et le reste de la base des salariés de l'administration.

Si l'ancien ministre des Finances avait suivi la circulaire de son Premier ministre, il aurait distingué le rapport des deux hauts fonctionnaires de ses propres décisions et de sa propre politique, et aurait engagé un dialogue sur la base de ce que souhaitaient les fonctionnaires qui disaient accepter les objectifs de modernisation. Cette concertation eut lieu beaucoup trop tard, lorsque le conflit fut noué et les mots les plus durs déjà prononcés et jetés dans le débat. Les parlementaires découvrirent la révolte dans leurs circonscriptions et l'ampleur des ambiguïtés, des demi-mots, des arrière-pensées du ministre en la matière. Les démentis arrivèrent trop tard alors que cette réforme était hautement nécessaire. Les parlementaires auraient pu être un soutien extraordinaire de cette réforme s'ils avaient été associés, avec les syndicats de fonctionnaires, à la réussite du projet. Tel n'a pas été le cas. La circulaire Jospin négligée, le ministre remit sa démission et retrouva d'autres activités plus douces. La réforme fut abandonnée par son successeur.

Je me souviens que la révolte des élus locaux de mon département, la Saône-et-Loire, débuta avec les déclarations intempestives de l'un des coauteurs du rapport, M. Thierry Bert, chef de l'Inspection générale des finances. Celui-ci, qui n'était pourtant nullement mandaté pour s'exprimer publiquement, avait déclaré dans mon journal local qu'il ne fallait pas pour cette réforme « confondre aménagement du territoire et esprit clochemerle ». Cette insulte du bout des lèvres provoqua la réponse des bergers à cette bien curieuse bergère. Il est vrai que, dans cette affaire, M. Bert s'est peut-être un instant pris pour le ministre, soudain pourvu d'omniscience. Mais si le ministre a chuté, l'intéressé est toujours chef de l'Inspection générale des finances. Je me suis inquiété auprès de la secrétaire d'État au Budget des raisons pour lesquelles celui-ci n'avait pas été sanctionné pour ses déclarations provocatrices, illégitimes, prononcées en violation de son obligation de réserve. Florence Parly me répondit : « C'est une bonne question. » Mais quelle est la réponse ? Nous, membres de la représentation nationale, nous ne connaissons que le ministre, ses fonctionnaires doivent obtempérer. Le ministre ayant oublié de l'être, c'est l'administration qui le remplaça.

Telle est la raison pour laquelle il vaut mieux nommer des ministres qui connaissent le suffrage universel, y ont tant bien que mal survécu, disposent d'une poigne de fer pour imposer leur volonté à leur haute administration, et savent lire les circulaires que leur Premier ministre leur adresse personnellement.

Le gouvernement des autistes s'appuie ainsi d'abord sur un système institutionnel qui rend sourd, aveugle et insensible tout dirigeant de notre pays. Censés représenter les aspirations de la société, prendre des décisions conformes à celles-ci, ces dirigeants politiques sont insensiblement devenus les opérateurs involontaires de la machine à trahir. La circulaire d'organisation du travail gouvernemental signée par Lionel Jospin, consacrant la méthode du Premier ministre, n'a pas empêché l'autisme de certains ministres ni l'isolement, parfois l'enfermement de ces derniers, dans une politique incomprise, jamais délibérée, en tout état de cause rejetée par la population, ou tout au moins par leur administration. Est-il possible d'ailleurs qu'une circulaire puisse combattre le poids, la pente et la physionomie de la Ve République ? La plume de l'auteur d'une circulaire ne peut pas combattre les tonnes que pèsent nos institutions antidémocratiques. Les échecs du gouvernement Jospin sont directement liés au non-respect par ses membres des prescriptions contenues dans la circulaire : oubli des parlementaires, absence de concertation avec la société, absence de dialogue et de concertation au sein du gouvernement.

Telles sont les raisons pour lesquelles il faut exiger davantage qu'une simple circulaire, dont la force obligatoire existe si peu qu'elle n'est pas respectée par ceux à qui elle s'adresse.

La préparation des décisions gouvernementales doit faire l'objet de mesures de transparence. On pourrait ainsi rendre publics les avis du Conseil d'État, assemblée de juristes exerçant son conseil à l'égard du gouvernement avant l'édition des décrets et l'adoption des projets de loi par le Conseil des ministres. Il serait heureux que chaque ministre soit contraint d'annexer, dans l'exposé des motifs de chacune des décisions qu'il prend, les prises de position qui seraient apparues pendant la concertation préalable. Une telle concertation serait d'excellent aloi s'agissant des lois de finances qui sont élaborées par les hauts fonctionnaires travaillant à huis clos sans discussion des parlementaires, sans délibération, sauf tardive, avec les autres membres du gouvernement, et sans aucun dialogue avec les composantes de la société.

La réforme la plus intéressante consisterait à rétablir entre les mains du Parlement les possibilités d'interpellation de chacun des ministres. L'interpellation et le questionnement seraient imposés à tout moment des travaux du Parlement, à l'initiative des parlementaires quels qu'ils soient, de l'opposition ou de la majorité, obligeant le ministre à venir répondre sans délai aux questions du Parlement. À l'issue de ce débat, un vote pourrait être immédiatement organisé sur la confiance maintenue ou non du Parlement au ministre concerné, lequel, censuré, n'aurait pas d'autre choix que la remise de sa démission.

Cette procédure en vigueur sous les IIIe et IVe Républiques disparut en 1958. Elle avait l'avantage de morceler les responsabilités ministère par ministère, et d'obliger le ministre à assumer la plénitude de sa compétence sans se réfugier derrière le paravent, le masque ou l'hypocrisie de la fausse solidarité gouvernementale. Un gouvernement qui doit répondre de sa politique à chaque instant, à travers chacune des décisions qui concernent les ministres, oblige chacun de ses membres à prendre la peine et le soin de consulter les parlementaires, d'accepter des inflexions.

Un tel dispositif lui éviterait d'être touché de plein fouet, comme beaucoup de gouvernements, par la maladie de la science infuse.

D'une certaine façon, la prétention qui frappe de nombreux dirigeants politiques n'est pas liée à la caractéristique psychologique de chacun d'entre eux, mais directement à l'enfermement institutionnel dont ils sont les victimes et avec eux le peuple de France. L'interpellation ministérielle rendrait plus fragile chaque ministère devant le Parlement et ses députés. Elle éviterait par ailleurs de toucher dans certaines de ses erreurs la direction même de ce gouvernement, dont les orientations politiques peuvent être approuvées par la population. Voilà donc l'un des moyens de briser la machine à trahir.

Domaine réservé : obligation d'entrer

> « Je ne permets à personne de diriger deux choses : la guerre et les affaires extérieures. Les ministres sont mes commis. S'ils ne marchent pas à ma fantaisie, je les change. »
>
> Jules Grévy, président de la République de 1879 à 1887

Les gouvernements républicains ont pris l'habitude de faire la guerre, envoyer des soldats, dépenser des crédits pour des opérations militaires hors de nos frontières sans demander l'autorisation à quiconque. Ce privilège était autrefois l'apanage des rois. C'est l'une des raisons de la Révolution française. Les rois de France mettaient à feu et à sang les caisses publiques pour financer leurs caprices guerriers. La grande conquête des parlements élus au suffrage universel fut de contraindre le gouvernement à bien vouloir demander l'autorisation de dépenser le sang de nos soldats et l'argent public.

Cette exigence républicaine a disparu dans les usages des gouvernements qui se sont succédé depuis 1958.

L'ordre politique donné par le chef des armées, le président de la République, de déclencher les opérations militaires contre la Serbie sur le territoire du Kosovo fut ainsi donné le mardi 23 mars 1999, très tard dans la soirée. Les avions militaires français participèrent au premier bombardement dans la nuit du mercredi au jeudi. Ce n'est que le vendredi suivant que le Premier ministre, Lionel Jospin, se présenta devant le Palais-Bourbon. Entre-temps, les forces françaises étaient physiquement engagées dans les opérations militaires. Le débat qui s'engagea alors entre les députés prit l'allure d'arguties dignes des jésuites et autres glossateurs de la Contre-réforme. La Constitution ne contraint en effet le gouvernement de la République à demander l'autorisation préalable du Parlement que dans le seul cas d'une déclaration de guerre en bonne et due forme. En l'espèce, nous indiquaient les porte-parole gouvernementaux, il ne s'agissait nullement d'une déclaration de ce type. Il était au contraire question d'une simple opération de police décidée dans le cadre multilatéral de l'Organisation du traité de l'Atlantique Nord (OTAN), agissant sur la base juridique d'une résolution du Conseil de sécurité des Nations unies.

Il est vrai que la France n'a plus déclaré la guerre depuis 1939. Cela ne l'a pas empêchée d'en mener plusieurs sans le dire, dont une est aujourd'hui considérée dans le langage officiel de la République comme étant bien une guerre. Pendant de nombreuses années, cette guerre a été qualifiée d'« opérations de maintien de l'ordre dans les départements d'Algérie ». Je fais partie de la génération de parlementaires qui, assez fiers de ce geste, reconnurent que les hommes de la génération de mon père, partis pendant plusieurs dizaines de mois maintenir l'ordre en Algérie, avaient en vérité fait la guerre [1], ce qu'on leur avait dénié pendant quarante ans.

Or, toute forme de contournement des obligations formelles de consultation des représentants de la Nation en cas d'engagement militaire a des incidences humaines et budgétaires, et constitue toujours une atteinte aux principes fondamentaux de la République.

Concernant le Kosovo, Lionel Jospin expliqua que le Parlement n'avait pu être consulté avant l'engagement militaire parce que la décision avait été prise par le président de la République et le chef du gouvernement au Conseil européen de Berlin où se trouvaient les deux hommes. Or, il ne pouvait s'agir d'une excuse suffisante et acceptable, même si cette guerre du Kosovo était à mes yeux hautement et malheureusement nécessaire, inaugurant un nouveau cycle d'ingérences qui feraient progresser le droit international. Mais la consultation préalable du Parlement qui restait possible n'aurait donné que davantage de force au mandat gouvernemental de participer aux opérations de l'OTAN.

L'engagement des troupes françaises dans les opérations contre l'Irak en 1991 paraît avoir été décidé dans des conditions tout aussi édifiantes : le gouvernement décida de réunir le Parlement en session extraordinaire le 16 janvier 1991. Un message du président de la République fut lu par le président de l'Assemblée nationale, un vote approuva la participation des troupes françaises à l'action décidée contre l'Irak.

1. Loi n° 99-882 du 18 octobre 1999 relative à la substitution, à l'expression « aux opérations effectuées en Afrique du Nord », de l'expression « à la guerre d'Algérie ou aux combats en Tunisie ou au Maroc », *Journal officiel*, Lois et Décrets, n° 244 du mercredi 20 octobre 1999, p. 15647.

La décision présidentielle avait déjà été prise et annoncée avant l'autorisation délivrée par le Parlement. Le porte-parole de la présidence de la République avait d'ailleurs fait savoir à l'avance qu'en cas de vote désapprobateur, la décision présidentielle resterait acquise. On invoqua d'ailleurs, à l'appui de ce mépris grossièrement affiché à l'égard du Parlement, la circonstance qu'il ne s'agissait pas d'une guerre déclarée à l'Irak, mais d'une simple opération de police internationale relevant d'une décision du Conseil de sécurité des Nations unies [1]. L'exemple le plus respectueux, à l'inverse, des droits du Parlement, se situe dans les institutions anglaises. La veille du déclenchement des opérations militaires au Kosovo, le 23 mars 1999, le gouvernement britannique organisa un débat à la Chambre des communes. Au cours d'une de ces séances interminables de questionnements dont les Anglais ont le secret, le Premier ministre Tony Blair dut prendre l'engagement public et préalable de ne pas envoyer de troupes au sol.

C'est sur la foi de ces déclarations que le chef de l'opposition, M. William Hague, déclara : « La position de l'opposition consiste à soutenir le gouvernement dans la mise en œuvre des mesures décrites. » Un mandat explicite et public fut donné par le Parlement au gouvernement britannique d'agir dans un cadre précis. Il pouvait être à tout moment retiré dès lors que le gouvernement outrepassait ces limites.

Le système français du fait accompli, qui se répéta pour les opérations au Kosovo, conduisit ainsi le Pre-

1. Albert du Roy, *Domaine réservé. Les coulisses de la diplomatie française*, Seuil, 2000.

mier ministre Lionel Jospin à convenir qu'« on ne peut pas se satisfaire pleinement de l'état des échanges et des relations entre le gouvernement et la représentation nationale », à propos des opérations militaires extérieures. Cette politique si dangereuse du fait accompli se retrouve dans tous les domaines des interventions extérieures, même lorsqu'elles ne s'inscrivent pas dans le cadre d'opérations militairement agressives.

Quels sont les citoyens français qui savent qu'en 1999 les « opérations extérieures » ont mobilisé 21 080 soldats français et ont occasionné à la France un surcoût budgétaire équivalent à la somme de 4 848 000 000 francs. En 1999 et au début de l'année 2000, la France et le budget militaire français étaient impliqués dans 29 opérations extérieures. La liste a été détaillée pour la première fois dans un rapport parlementaire récent, qui fera date et jurisprudence, du député socialiste de l'Essonne, François Lamy, dont il faut saluer la ténacité et la participation à la tâche de redressement du Parlement [1]. C'est ainsi que 3 466 Français sont engagés dans l'opération de maintien de la paix en Bosnie-Herzégovine pour un montant de 1 081 700 000 francs. 256 soldats français sont engagés dans la force des Nations unies pour le rétablissement de la paix au Sud-Liban, pour 38 300 000 francs. 175 Français sont engagés dans l'opération de surveillance aérienne de l'Irak, pour un coût de 62 800 000 francs. 600 Français sont engagés dans l'opération de rétablissement de la paix au Timor-Oriental pour un coût qui n'est pas

1. Rapport d'information parlementaire n° 2237, *Contrôler les opérations extérieures,* Assemblée nationale 2000, François Lamy rapporteur.

encore connu de la représentation nationale. 6 401 Français sont engagés au sein de la KFor dans le cadre de la mission de rétablissement de la paix au Kosovo pour un coût de 1 904 000 000 de francs. Le seul conflit du Kosovo a donné lieu à 6 opérations extérieures en 1999. Voici les plus importantes : l'opération de frappes aériennes au Kosovo mobilisait 6 752 soldats français pour un coût total de 1 034 000 000 de francs. Une mission d'extraction de la Mission de vérification au Kosovo (MVK) a utilisé 1 448 soldats français pour une somme de 251 000 000 de francs. Une mission d'aide humanitaire en Albanie et en Macédoine a mobilisé 890 soldats français pour un montant total de 94 000 000 de francs. Une mission de vérification de l'Organisation pour la sécurité et la coopération en Europe (OSCE) au Kosovo a occupé 45 soldats français pour un coût total de 2 700 000 francs. Ces opérations extérieures n'ont jamais fait l'objet de la moindre discussion parlementaire, tant s'agissant de leur format que de leur coût budgétaire.

Par ailleurs, trois autres opérations sur des théâtres extérieurs africains sont aujourd'hui mises en œuvre en vertu d'accords de défense conclus par notre pays avec le Tchad, le Cameroun et la République de Djibouti, sur lesquels le Parlement n'a jamais eu à se prononcer. Cette politique relève à l'évidence d'une obscurité de nature militaire que le Parlement a eu le plus grand mal à faire lever. C'est ainsi que 971 soldats français sont installés au Tchad, dans le cadre de l'accord de défense intitulé Plan Épervier pour un coût total pour les finances publiques, en 1999, de 344 000 000 de francs. 493 soldats français sont utilisés pour la protection des installations françaises du port et de l'aéroport de la république de Djibouti, pour un montant total de 41 380 000 francs. 66 soldats français sont présents sur le territoire de la république du Cameroun dans le cadre du soutien de la France à ce pays, pour un montant total de 17 000 000 de francs. Enfin, 93 soldats ainsi qu'un bâtiment de la marine nationale sont immobilisés dans le golfe de Guinée, dans le cadre d'une présence active depuis 1991 au large des côtes africaines, pour la surveillance des champs pétrolifères. Le coût pour les finances publiques de cette immobilisation en 1999 est de 3 200 000 francs. Par ailleurs, la France et ses contribuables participent à 4 opérations de surveillance d'un accord de cessez-le-feu. C'est ainsi que 24 gendarmes sont immobilisés pour un accord d'aide à la professionnalisation de la police en Haïti, pour un coût total de 6 500 000 francs. 125 gendarmes sont utilisés à la formation de la police en Bosnie-Herzégovine pour une somme de 23 600 000 francs. 22 militaires sont utilisés pour la supervision du cessez-le-feu au Sahara occidental pour une somme de 10 millions de francs en 1999, 9 observateurs ont été envoyés au Koweït pour la surveillance de la zone démilitarisée pour une somme de 3 700 000 francs. 5 militaires ont été envoyés en observateurs pour la supervision du cessez-le-feu en Géorgie pour la somme de 2 millions de francs. Quel est le citoyen français qui sait que nous avons 100 militaires envoyés aux îles Hanisch pour une opération « Condor » dans le cadre de la médiation du différend entre le Yémen et l'Érythrée à propos de ces îles introuvables sur une carte ? Coût ? 5 millions de francs au budget de 1999. Vos députés ne le savent que depuis peu.

L'ensemble de ces engagements, qui n'ont fait l'objet d'aucune discussion parlementaire, ni préalable ni postérieure, a coûté au budget de l'État en 1999 l'équivalent de 5 milliards de francs.

De surcroît, la notion d'opération extérieure ne fait l'objet d'aucun statut juridique, pas même un décret du président de la République contresigné par le Premier ministre, pris en Conseil des ministres et donnant lieu à un exposé des motifs, une publication au *Journal officiel* et un compte rendu du porte-parole du gouvernement. Cette notion relève d'une décision interne au ministère de la Défense, quasi secrète car ne faisant l'objet d'aucune extériorisation sous une quelconque forme juridique. Le Parlement et à travers lui les citoyens ne sont nullement informés de ce type de décision.

Il y eut bien une circulaire du ministre de la Défense du 25 mai 1984 qui tenta de donner un statut juridique à ce type d'opération extérieure. Mais les critères contenus dans une circulaire n'ont aucune force obligatoire et n'ont en aucun cas contraint les ministres de la Défense successifs à notifier au Parlement la décision d'engager les forces armées et les conséquences budgétaires prévisibles d'un tel engagement.

Cette violation habituelle et banalisée du principe républicain selon lequel le Parlement doit contrôler la totalité de la politique gouvernementale, y compris extérieure, est un héritage du bonapartisme. Napoléon III avait tout résumé de la question, déclarant à la cantonade : « Je sais seul quelle sera la politique extérieure de la France. » Le général de Gaulle, premier président de la Ve République, avait défini les nouvelles frontières de ce domaine réservé, « capturé » dès les premiers mois de son retour au pouvoir. Une lettre du 8 février 1962 à son Premier ministre, Michel Debré, rappelait : « Les affaires concernant l'Algérie, les Armées, les Affaires étrangères et la Communauté doivent être traitées directement auprès de moi. » François Mitterrand, qui avait fait un livre des abus du général de Gaulle [1] et s'était beaucoup offusqué, dans les années 60, de ce secteur « réservé », imita son exemple lorsqu'il devint président de la République.

Le 5 juillet 1961, François Mitterrand avait déclaré : « J'entends encore M. Chaban-Delmas, président de l'autre Assemblée, expliquant dans un congrès politique une curieuse théorie du régime parlementaire et du régime républicain, la théorie du secteur réservé. Ce secteur réservé qui couvre les grandes affaires de la France appartient, paraît-il, au chef de l'État et à lui seul, tandis que le Parlement n'est plus compétent que sur les affaires mineures, par exemple la loi sur la sauvegarde des animaux – ce qui d'ailleurs ne me laisse pas indifférent. Le secteur réservé ! Peu à peu a pris corps dans notre droit public cette thèse inimaginable qui veut qu'échappent au contrôle des représentants du peuple les questions qui conditionnent l'existence même de la France [2]. »

Vingt-quatre ans plus tard, le 10 juillet 1985, François Mitterrand, président de la République menacé par les perspectives de la première cohabitation, exposait : « J'entends bien faire respecter mon domaine réservé. S'il y avait confiscation de la politique extérieure par

1. François Mitterrand, *Le Coup d'État permanent*, Union générale d'éditions, 1993.
2. *Journal officiel*, Débats, Sénat, séance du 5 juillet 1961, p. 685.

une éventuelle majorité de droite, ce serait un coup d'État [1]. »

Le coup d'État consistait à créer le domaine réservé en 1961. Le même coup d'État consistait à reprendre ce domaine réservé en 1985. Cette attitude eut des conséquences insoupçonnables mais considérables. Elle agit comme un ralliement de la gauche aux pratiques de pouvoir les plus contestables de la Ve République, à ses abus et à son imprégnation despotique.

Car même un despotisme éclairé reste un despotisme pour le citoyen. Cette création progressive du président de la République fonctionne comme un ministère occulte du domaine réservé chargé d'administrer une activité gouvernementale parallèle et clandestine. Tel fut le cas de ce que l'on appela les réseaux Foccart, du nom du chargé de mission que le général de Gaulle avait nommé auprès de lui pour parcourir les pays d'Afrique, maintenir des relations d'amitié entre les chefs d'État ou de clan de ces pays avec le parti gaulliste et les services de la présidence de la République. Ces réseaux d'amitié contestables [2], et ce soutien à des régimes contestés, ont constitué une diplomatie secrète et personnelle qui conduisit la France à nouer des liens juridiques de souveraineté à souveraineté en dehors du contrôle des représentants de la Nation [3]. C'est ainsi que de nombreux accords de défense ou de coopération militaire ont été signés avec nos anciennes colonies françaises en Afrique. Sur la quarantaine de ces accords, la plus

1. Cité par Pierre Favier et Michel Martin-Roland in *La Décennie Mitterrand*, tome 2 : *Les épreuves 1984-1988*, Seuil, 1991.
2. Jacques Foccart, *Dans les bottes du Général – Journal de l'Élysée*, Fayard, 1999.
3. François-Xavier Verschave, *Noir silence*, Les Arènes, 2000.

grande majorité n'est pas connue, à l'heure actuelle, du Parlement. Tel est le cas, notamment, de l'accord signé avec le Cameroun en 1974, avec les îles Comores en 1978, avec le Congo en 1974, avec la Guinée-Équatoriale en 1985, avec le Mali en 1987, avec le Sénégal en 1974, avec le Tchad en 1976, avec le Zaïre en 1974, avec le Maroc en 1994, avec les Émirats arabes unis en 1995, avec le Qatar en 1994. Un certain nombre d'accords ont pu être soumis à l'examen du Parlement et ont bien été ratifiés ou approuvés en vertu d'une loi, comme l'exige la Constitution. Cependant, il est apparu avec le temps que certains de ces accords avaient été doublés par des accords dits de sécurité, qualifiés de secrets. Tel est le cas, par exemple, de l'accord de défense signé avec le Togo en 1963, avec la Côte-d'Ivoire en 1962, avec le Gabon en 1961, avec le Tchad en 1963. Le rapporteur François Lamy, député de l'Essonne, conclut pudiquement à leur sujet après les avoir énumérés : « Cette catégorie d'accords nécessite quelques éclaircissements, car ils impliquent une participation française au maintien de l'ordre. Parfois, la presse informe avec plus de précisions la représentation nationale que le gouvernement lui-même. C'est ainsi que dernièrement les parlementaires ont pu apprendre que la France avait signé deux nouveaux accords d'assistance militaire avec deux pays d'Afrique. Le premier a été signé avec la Côte-d'Ivoire en 1998, impliquant la fourniture de véhicules et d'équipements au maintien de l'ordre à la gendarmerie, ainsi que la création de quatre unités de CRS et d'une école de police. Le second signé avec Madagascar concerne aussi le renforcement des moyens de gendarmerie. Un journal s'inquiétait de ce qu'il restait “ à espérer que seuls les délinquants ou les voleurs de bétail auront à pâtir de cette coopération française et non les opposants ". »

C'est donc bien dans les arrière-salons capitonnés de la présidence de la République que se préparent, s'ajustent et s'exécutent les éléments d'une véritable politique étrangère occulte. Dans ce secret ont pu s'épanouir les plus graves délits.

Le président Valéry Giscard d'Estaing succomba en partie en raison de relations contestables avec un chef d'État africain qui s'était fait couronner empereur.

François Mitterrand réinventa à sa façon la « cellule des affaires africaines et malgaches », qu'il confia à son propre fils. Sur le plan constitutionnel, l'abus était ainsi consommé et répété. Car le Parlement et les citoyens ne connaissent que le ministre. Ils ignorent tout des conseillers personnels et familiaux du président de la République. Cette hérésie républicaine aurait dû être condamnée par les majorités qui se sont succédé pour soutenir le président François Mitterrand. C'est d'ailleurs à l'intérieur de cette grande cuisine dirigée en secret que sont apparus les faux pas de la France dans la tragédie rwandaise.

C'est le pape qui le premier employa le mot de génocide, au mois d'avril 1994, pour désigner les centaines de milliers de Tutsis massacrés au Rwanda entre avril et juillet 1994, peut-être 850 000 personnes assassinées en raison de leur seule appartenance à l'ethnie tutsie. Des femmes, des vieillards, des enfants, des femmes enceintes, des nourrissons ont été exterminés pour cette seule raison. La France avait été présente au Rwanda, avant, pendant, après les massacres, mais quelle avait été son action ? Domaine réservé !

Il faut saluer le travail d'analyse, de reconstitution et d'enquête de la mission parlementaire de l'Assemblée nationale qui chercha, quatre années plus tard, à établir la vérité sur la responsabilité française dans le génocide [1]. On pourra y découvrir les témoignages de victimes rescapées des massacres, notamment celui de Jeanne Uwimbabazi, recueilli par la mission : « Nous sommes arrivés dans un quartier qui s'appelait Nyanza, de Kicukiro. Sur ce grand terrain dont le centre faisait un creux, ceux qui nous guidaient nous ont rassemblés au centre, eux sont restés sur la hauteur. Lorsque nous nous sommes rendu compte qu'il n'y avait que la mort, Vianet a demandé à un militaire qu'il nous tue ainsi que quelques amis, avec des balles de fusil plutôt qu'avec des coups de machette, et en échange on allait lui donner de l'argent. Mais son chef l'a appelé. Ils ont demandé que ceux qui sont hutus sortent de la foule avec leur carte d'identité. Puis, ils nous ont dit de nous coucher par terre, nous avons hésité, ils ont commencé à tirer dans la foule des coups de fusil, ils envoyaient des grenades, des flèches, des coups de machette, des coups de gros bâtons avec des gros clous plantés au sommet, les gens se sont écroulés les uns sur les autres. Les gens avaient commencé à prier, les autres criaient, les enfants pleuraient. Ensuite, ils achevaient ceux qui étaient encore vivants avec des coups de machette. Je les ai entendus s'appeler entre eux, en disant qu'ils avaient fini leur travail, qu'il faisait nuit et qu'ils reviendraient le lendemain. J'avais un mort sur le dos, un autre sur les genoux,

1. Rapport parlementaire n° 1271, *Enquête sur la tragédie rwandaise (1990-1994)*, Paul Quilès président, Pierre Brana et Bernard Cazeneuve rapporteurs, Assemblée nationale, 1998.

mes habits étaient pleins de sang et je n'avais aucune blessure. Le lendemain vers 15 h 30, nous avons entendu des gens qui avançaient vers nous. Je n'en connais pas le nombre, car nous faisions semblant d'être morts. Ils m'ont donné deux coups de machette derrière la tête, la blessure atteignait le bulbe rachidien ainsi que les deux coups sur chaque cheville pour me couper les tendons d'Achille. La jeune fille qui s'appelait Angélique a eu six coups de machette partout dans la tête et un sur le mollet. Candide, lui, a eu aussi des coups de machette dans la tête et on lui a coupé quelques doigts. Kiki, a reçu un coup de machette à côté de l'oreille, sur la joue ainsi qu'un dans le côté de la jambe. Son petit frère Ngagi, lui a reçu des coups sur la jambe et les doigts sectionnés. Pauline en a reçu sur les bras. Les autres sont morts sur le coup : la sœur de Candide, le fils de son frère, Fifi et son petit frère. »

Aucun citoyen français n'imagine rattacher ces événements à la présence française au Rwanda. Pourtant, un an avant ces massacres, en avril 1993, la commission des droits de l'homme des Nations unies chargée d'enquêter sur les exécutions extrajudiciaires, sommaires ou arbitraires, entreprit une mission au Rwanda afin d'établir la réalité des accusations portées sur l'existence de massacres de Tutsis. Voici le contenu de son rapport daté du 11 août 1993 : « Les victimes des attaques, des Tutsis dans l'immense majorité des cas, avaient été ciblées uniquement en raison de leur appartenance à un certain groupe ethnique, et pour aucune autre raison objective. Des massacres de population civile ont été perpétrés par les forces de sécurité rwandaises ou par certaines parties de la population. On a démontré à maintes reprises que des représentants gouvernementaux étaient impliqués, soit directement en encourageant, en planifiant et en dirigeant les actes de violence ou en y prenant part, soit indirectement par leur incompétence, leur négligence ou leur inaction délibérée. Les Forces armées rwandaises (FAR) ont également joué un rôle actif et bien planifié au plus haut niveau, dans certains cas de massacres de Tutsis par la population. Il existe de nombreux rapports bien documentés sur lesquels certains maires ont fait courir des rumeurs non fondées qui ont exacerbé la haine ethnique et incité la population à massacrer des Tutsis. Dans certains cas, certains officiels ont facilité la tâche de ceux qui commettaient des massacres en leur fournissant des équipements comme des véhicules ou du carburant. »

Ainsi, un an avant le génocide, aucun responsable politique ne peut ignorer que derrière la guerre entre les troupes rebelles et les FAR, des massacres ethniques massifs ont commencé.

Quelle était donc à l'époque la politique de la France au Rwanda pourtant ainsi décrite en 1993 par les experts de l'ONU ? Il est nécessaire de rappeler que la France avait signé dans les années 70 avec le Rwanda un accord d'assistance militaire technique qui stipulait que le gouvernement de la République française mettait à disposition du gouvernement de la République rwandaise des personnels militaires français dont le concours lui était nécessaire pour l'organisation et pour l'instruction de la gendarmerie rwandaise. L'article 3 de cet accord spécifiait bien que les militaires français demeuraient sous contrôle français et servaient « sous l'uniforme français ». Il était spécifié : « Les militaires ne peuvent en aucun cas être associés à la préparation ou à l'exécution d'opérations de guerre, de maintien ou de rétablissement de l'ordre ou de la légalité. »

Cette stipulation de l'accord d'assistance militaire signalait de la sorte la neutralité de la France dans les conflits militaires qui pouvaient opposer le gouvernement rwandais à toute forme de rébellion armée ou guerre civile.

Une première révision secrète de l'accord a été introduite au mois d'avril 1983. Elle était de taille puisque les militaires français devaient servir « sous l'uniforme rwandais avec le grade dont ils sont titulaires au sein des forces armées rwandaises ». La seconde modification qui fut ainsi introduite concerne la suppression de l'interdiction faite aux militaires français d'être associés de près ou de loin à toute réparation ou exécution d'opération de guerre, de maintien ou de rétablissement de l'ordre ou de la légalité. Cette question ne fut jamais débattue dans un cadre parlementaire.

En 1992, deux années avant le génocide un nouvel avenant intervint à l'accord d'assistance militaire signé entre la France et le Rwanda. Cet avenant, lui aussi secret, étendait la coopération militaire à l'ensemble des forces armées rwandaises et non plus seulement la seule gendarmerie rwandaise. Pourtant, à cette époque, le Rwanda est l'objet d'attaques militaires du Front patriotique rwandais et les Forces armées rwandaises sont utilisées par le gouvernement du président Habyarimana pour protéger le pouvoir qu'une ethnie, les Hutus, exerce sur la totalité du pays au détriment de l'opposition et de l'ethnie minoritaire tutsie. Ceux qui, au nom de la France, concluent un tel avenant, ne peuvent donc en ignorer la portée. Mais le Parlement n'en a rien su. Les citoyens français voient engager à leur insu l'honneur de la patrie des droits de l'homme.

Il est vrai que, dès 1990, bien avant la modification juridique de l'accord d'assistance militaire, la France avait déjà envoyé un officier supérieur chargé de conseiller l'état-major des forces armées rwandaises. Ce militaire, un colonel nommé adjoint de l'attaché de défense, était chargé « d'aider les autorités militaires rwandaises à améliorer la capacité opérationnelle de leur armée afin de la rendre rapidement apte à s'opposer aux incursions de plus en plus nombreuses des troupes du Front patriotique rwandais ». Entendu par la mission parlementaire, le colonel a rappelé qu'il avait exercé ses fonctions en tenue militaire française, qu'il avait apporté son aide à l'élaboration des plans de défense de la capitale rwandaise et au renforcement de dispositifs militaires, afin de les doter de capacités de réaction. En 1991, la France décida d'augmenter les moyens de cette « assistance militaire » en envoyant un détachement de 30 militaires chargés de l'instruction des unités de l'armée rwandaise. En 1992, le détachement d'assistance militaire est passé à 45 hommes. Ces militaires ont participé à l'instruction des membres de la garde présidentielle du président Habyarimana. Le lieutenant-colonel, chef du détachement d'assistance militaire, deviendra d'ailleurs conseiller du président de la République, ès qualités de chef suprême des Forces armées rwandaises.

À cette époque, un tract de l'opposition dénonçait « un militaire français, commandant des forces françaises venues assurer la sécurité de leurs compatriotes dit-on, vient de recevoir le pouvoir illimité de diriger toutes les opérations militaires de cette guerre... Voilà que maintenant nos armées sont commandées par un Français ». Il est exact que cet officier supérieur eut pour mission de « conseiller discrètement le chef d'état-major des forces armées rwandaises pour tout ce qui concerne la conduite des opérations mais aussi la préparation et l'entraînement des forces ».

Voici les conclusions de la mission d'information parlementaire : « Si la France n'est pas allée au combat, elle est toutefois intervenue sur le terrain de façon extrêmement proche des Forces armées rwandaises. Elle a, de façon continue, participé à l'élaboration des plans de bataille, dispensé des conseils à l'état-major et aux commandements de secteurs, proposant des restructurations et de nouvelles tactiques. Elle a envoyé sur place des conseillers pour instruire les Forces armées rwandaises au maniement d'armes perfectionnées. Elle a enseigné les techniques de piégeage et de minage, suggérant pour cela les emplacements les plus appropriés. (...) La mission ne peut totalement écarter l'idée qu'un instructeur français aurait pu pour des raisons diverses apporter ponctuellement un concours plus effectif lors de l'aide au maniement d'une pièce de mortier ou dans une autre situation, malgré les consignes diffusées par l'état-major des armées, tant il paraît difficile, en situation critique, de déterminer la limite exacte au-delà de laquelle l'instruction et la formation pourraient être assimilées à un engagement réel. Cette ambiguïté apparaît consubstantielle à la notion d'assistance opérationnelle en temps de crise ou de guerre. »

La mission de l'Assemblée nationale releva que les militaires français avaient suppléé les forces armées rwandaises aux contrôles d'identité entre février et mars 1993, « afin de prévenir les infiltrations du Front patriotique rwandais ». Elle releva également que la France vendit au Rwanda l'équivalent de 42 millions de francs d'armes, radars, mitrailleuses 12,7 mm, canons de 105 mm, hélicoptères Gazelle, lance-roquettes 68 mm, mortiers de 120 mm, postes de tir Milan et munitions différentes. C'est le maniement de ces armes qui a fait l'objet d'un entraînement assidu, organisé par le détachement d'assistance militaire jusque dans le cours de l'année 1993.

La mission de l'Assemblée nationale conclut : « La France s'est retrouvée à aider un gouvernement à préparer la guerre qu'il désirait. » D'ailleurs, devant celle-ci, Hubert Védrine, actuel ministre des Affaires étrangères, à l'époque secrétaire général de la présidence de la République, reconnaissait que l'on pouvait « se demander si la France avait bien été bien inspirée de s'engager à ce point et estimer maladroite une politique aussi interventionniste ».

La mission relèvera par ailleurs que le gouvernement français avait offert un avion personnel de marque Falcon au président Habyarimana afin de remplacer la Caravelle vétuste financée par la France à une époque où le Rwanda n'était pas en guerre contre le FPR. Ce Falcon a été financé à hauteur de 53 millions de francs en 1990, pris sur les crédits de la coopération. La France a également financé un équipage d'officiers français qui mourront dans l'attentat non élucidé contre l'avion du président Habyarimana, attentat déclencheur des massacres d'avril 1994.

Cette collusion française est à nouveau manifeste au moment où le FPR prend le contrôle de la capitale rwandaise, Kigali. Les premières évacuations de Rwandais ont concerné les douze personnes de la parenté du président Habyarimana. Ils s'envolèrent pour Paris les premiers avec 43 Français évacués en priorité sur décision de l'ambassadeur de France. On préféra même évacuer la famille du président hutu plutôt que le personnel tutsi du centre culturel français, menacé d'extermination. La mission concluait : « Il semble donc qu'il y ait eu deux poids et deux mesures et que le traitement accordé à l'entourage de la famille Habyarimana ait été beaucoup plus favorable que celui réservé aux employés tutsis dans les postes de la représentation française – ambassade, centre culturel, mission de coopération. »

Voici donc ce que coûte une politique élaborée en secret, sans avoir été délibérée, discutée ni contrôlée.

La mission d'information de l'Assemblée nationale fut une première intrusion – mais rappelons-le, quatre années après les faits – dans ce domaine réservé. Elle tira des conclusions sur l'information du Parlement ainsi que des membres du gouvernement, qui dans cette affaire rwandaise avaient été tenus à l'écart par la cellule des affaires africaines et malgaches de la présidence de la République. Le rapport parlementaire d'enquête sur le génocide rwandais concluait fermement : « Des modalités de communication des accords de défense et de coopération militaire aux commissions compétentes de l'Assemblée nationale et du Sénat devraient être définies. Elles devraient satisfaire à la fois les exigences d'information du Parlement et de confidentialité voire de secret de certaines clauses des accords en cause. Par ailleurs, des procédures d'association du Parlement aux opérations extérieures devraient être mises en place sans nuire naturellement à la confidentialité ou au secret ni à la rapidité des actions à mener. »

Aucune de ces procédures n'a été mise en place depuis les deux années qui nous séparent de la publication de ce rapport.

La France se livre-t-elle aujourd'hui à de semblables pratiques dans d'autres territoires africains sans que le Parlement puisse exercer son contrôle ?

Le domaine réservé supporte difficilement les regards indiscrets. Pourtant ceux-ci se font de plus en plus insistants, à la faveur d'une lutte de plus en plus intense entre les deux pouvoirs, l'un, parlementaire, exigeant de reconquérir les prérogatives qu'il tient des citoyens, l'autre, gouvernemental, travaillant institutionnellement à s'y soustraire.

On me permettra à ce sujet une brève narration à connotation personnelle.

Parmi les multiples territoires anciennement colonisés par la France, la République de Djibouti, ancien Territoire des Afars et des Issas, gagna son indépendance en 1977. Cette petite république, territoire caillouteux et brûlant coincé dans la corne de l'Afrique, juste en face du détroit ouvrant sur la mer Rouge, ancienne Somalie française où Rimbaud chercha un temps son destin, est aujourd'hui à peine peuplée, comme la ville de Toulouse, de quelque 500 000 habitants. La France y loue à la République de Djibouti une base opérationnelle servant au prépositionnement de ses forces. Le désert djiboutien, aux confins de l'Éthiopie et de la Somalie, sert à nos militaires de terrain d'entraînement incomparable. Les milliers de Français, dont 3 000 militaires, déversent sur l'économie locale l'équivalent de la moitié de la richesse brute produite par ce pays.

La République de Djibouti a conservé sa tradition romanesque et interlope d'intrigues politiques. Les commerces douteux et les disparitions faciles y sont légion. L'hospitalité y est extraordinaire, les atteintes aux droits de l'homme considérables. Les manifestations habituelles, l'usage des armes à feu par les forces de l'ordre encore fréquent. Syndicalistes, journalistes, avocats, opposants au Parlement, magistrats sont incarcérés, condamnés à des peines afflictives ou infamantes, parfois passés à tabac ou emprisonnés sans autre forme de procès. Les personnalités les plus influentes se voient retirer leur passeport ou sont persécutées dans l'exercice de leur profession.

Pourtant, chaque année les contribuables français sont, invariablement et sans qu'ils le sachent, d'une immense générosité à l'égard de ce régime. En 1999, Djibouti a reçu 449 francs par habitant pendant que le Mali et le Bénin recevaient respectivement 26 et 37 francs. Entre 1995 et 1997, la moyenne par habitant djiboutien était déjà égale à 340 francs par habitant. Or, cette évolution spectaculaire trahissait le désir du gouvernement français actuel d'augmenter son aide à la République de Djibouti, au moment où se multipliaient précisément les condamnations croissantes des organisations non gouvernementales comme Amnesty International, la Fédération internationale des droits de l'homme ou l'Observatoire international des prisons, qui ont mené des enquêtes concordantes sur les atteintes répétées aux droits des hommes et des femmes de ce pays.

Lorsque les électeurs de Saône-et-Loire m'ont envoyé à l'Assemblée nationale, mon parti me désigna comme président d'un groupe d'amitié parlementaire France-Djibouti. Ce sont là des associations permettant les échanges entre parlementaires de pays amis, assurant une diplomatie politique parallèle à celle menée par le gouvernement. En cette qualité, je me suis donc enquis, pendant la discussion budgétaire du mois de novembre 1997 pour la loi de finances 1998, de la véritable nature de la politique de la France à l'égard de ce pays. À cette date, le *Journal officiel* des débats de l'Assemblée nationale place dans ma bouche la question suivante : « La question de la conditionnalité de la coopération à l'égard de Djibouti est gravement posée à l'égard de ses atteintes à l'État de droit et à l'objectif de démocratisation de ce pays qui entretient des liens historiques avec le nôtre. »

La réponse du ministre de la Coopération, Charles Josselin, paraît, dans une lecture rétrospective, cauteleuse et timorée. « Monsieur le député, il est des pays qui font s'interroger sur le sens de l'histoire. Djibouti en fait partie. La situation semble en effet régresser du point de vue des droits. Des étrangers sont enlevés, les droits de l'opposition largement bafoués; c'est préoccupant à la veille d'élections. (...) Mais je voudrais vous rendre attentif à ceci : lorsqu'il s'agit de sanctionner certains comportements, il faut s'assurer que ce choix ne va pas aggraver la situation de populations civiles déjà victimes d'un état de fait. »

Ce raisonnement est la duplication quasi parfaite du raisonnement qui avait été utilisé à l'égard du soutien au régime rwandais du président Habyarimana. Sanctionner, disait à l'époque le ministre des Affaires étrangères Roland Dumas, risquait de « porter atteinte à la stabilité » de ce pays [1]. Cette politique sur laquelle je m'interrogeais publiquement lors de la loi de finances pour 1998 fut reconduite l'année suivante, puis l'année d'après. Tels sont les raisons pour lesquelles les députés de la majorité parlementaire, membres du groupe d'amitié parlementaire France-Djibouti que j'ai l'honneur de présider [2], décidèrent de manifester leur désapprobation en ne répondant pas à l'invitation du président de la République française à dîner au palais de l'Élysée, le 27 novembre 1998, en compagnie du président de la République de Djibouti, à l'occasion de sa venue à Paris pour le XXe sommet des chefs d'État franco-africains. Le communiqué commun que nous avions signé rappelait : « Les députés membres du groupe d'amitié parlementaire France-Djibouti entendent signifier leur désaccord à l'égard du soutien que la France semble vouloir manifester sur le plan de la coopération économique, financière et judiciaire auprès de l'État djiboutien. Est-il acceptable qu'aucune condition de respect des droits de l'homme au vu des normes généralement admises n'ait été préalablement posée à l'engagement par le budget de l'État français d'une aide supplémentaire de 25 millions de francs au gouvernement djiboutien cette année ? »

Les parlementaires se battent avec les armes qui sont les leurs, de petits symboles, comme le refus de se rendre aux dîners de gala donnés au palais de l'Élysée.

1. Assemblée nationale, *Journal officiel*, Débats, 2e séance du 5 novembre 1997, p. 5471.

2. Jean-Marie Bockel, député du Haut-Rhin, Pierre Goldberg, député de l'Allier, Francis Hammel, député de la Somme, Vincent Peillon, député de la Somme, René Rouquet, député du Val-de-Marne

Mais ils peuvent faire davantage, et c'est ce qu'ils tentèrent.

Le 4 novembre 1999, deux députés membres du groupe d'amitié parlementaire France-Djibouti cosignaient avec moi un amendement de restriction du budget de la coopération de la somme de 95 millions de francs de crédits, équivalant à l'ensemble des sommes versées depuis deux ans à la République de Djibouti, sans aucune contrepartie sur le terrain du respect de droits de l'homme. Le procès-verbal de la commission des affaires étrangères signalait que le doyen de l'Assemblée nationale, député d'opposition des Alpes-Maritimes, Charles Ehrmann, avait décidé de voter le budget de la Coopération et des Affaires étrangères, avec le commentaire suivant : « Depuis dix-huit ans que je siège à la commission des Affaires étrangères, je n'ai jamais vu de changement de politique, que le ministre soit de gauche ou de droite ! » avant de s'en féliciter pour décider de voter ce budget. Pour ma part, j'ai indiqué que je ne voterais pas ce budget en l'état, le ralliement de M. Charles Ehrmann compensant ma propre défection.

Je fus autorisé par le groupe socialiste, ainsi que mes deux collègues Peillon et Hammel, à déposer un amendement de restriction de crédits pour un montant de 95 millions de francs. La discipline du groupe socialiste devait nous permettre de l'emporter au regard des effectifs majoritaires au sein de l'hémicycle pendant le débat.

Pourtant, le rapporteur spécial chargé d'examiner les crédits de la coopération, Maurice Adévah-Pœuf, député socialiste du Puy-de-Dôme, prit soudain de curieuses distances. « J'aurai sans doute des nuances à apporter à l'exposé sommaire de l'amendement de notre collègue Montebourg, mais il n'y a pas de divergence de fond entre nous. Je ne serai donc pas de ceux, ici, qui élèveront la voix pour prétendre que la République de Djibouti est un régime exemplaire du point de vue de la démocratie, du pluralisme et du respect des droits de l'homme. C'est exactement le contraire ! (...) En vertu du principe budgétaire de globalité des titres, que vous n'ignorez pas, si notre Assemblée vous suivait en amputant de 95 millions le chapitre 41-43 du titre IV, cela n'aurait pas forcément pour effet de priver la République de Djibouti de ces crédits ! Ne voyez là rien d'insidieux, mais rien n'empêcherait le gouvernement de maintenir, pour des raisons qui lui appartiendraient, l'aide publique française à Djibouti, et de diminuer d'un montant équivalent les crédits attribués à des pays sur lesquels ni vous ni d'autres n'exercent la même vigilance. Ce serait une erreur tactique fondamentale que de faire croire que nous sommes en mesure de supprimer 95 millions de francs de crédits à un État en particulier. D'ailleurs, je le répète, il ne me paraît pas bon d'évoquer des crédits individualisés concernant un État en séance publique. Je peux toutefois vous assurer de la vigilance que j'exercerai sur les dossiers relatifs à Djibouti, au comité directeur de l'institution appelée à remplacer le Fonds d'aide pour la coopération et au conseil de surveillance de l'Agence. À titre personnel, je vous demande de retirer cet amendement. À défaut, je demanderai à notre Assemblée de bien vouloir le rejeter [1]. »

1. *Journal officiel*, Débats, Assemblée nationale, séance du 10 novembre 1999, p. 91-94.

Voici comment un député de la majorité prend prétexte des moyens dont le gouvernement dispose pour contourner l'autorisation budgétaire ou l'interdiction qui lui aurait été faite par le Parlement d'utiliser des crédits, pour refuser à ce Parlement d'exercer son contrôle et de sanctionner une politique que chacun s'accorde pourtant à qualifier de contestable !

Il faut également écouter la position prise alors par M. Pierre Lequiller, député libéral des Yvelines : « Au nom de mes collègues de l'opposition, je voulais dire que nous ne voterons pas l'amendement de M. Montebourg, tout en partageant son point de vue. Supprimer les crédits n'est certes pas un bon moyen, mais nous avons été suffisamment nombreux à parler de conditionnalité pendant ce débat. Par l'amendement qu'il a déposé, notre collègue a voulu, me semble-t-il, souligner le fait que le gouvernement doit être plus ferme, plus clair, et qu'il doit soutenir les droits de l'homme dans ce pays où, visiblement, ils sont fortement bafoués. Sur ce point-là, d'accord avec M. Montebourg, tout en désapprouvant la suppression des crédits, nous souhaitons que la conditionnalité soit renforcée. »

Le président me demanda : « Monsieur Montebourg, maintenez-vous votre amendement ? » J'ai répondu : « Je le maintiens, je souhaite qu'il y ait un vote. » Je fus battu par des voix de toutes origines. La politique de la France à l'égard de Djibouti aurait pu enfin prendre, grâce à l'impulsion parlementaire, un nouveau tournant, et les contribuables économiser près de 100 millions de francs pour d'autres actions.

La machine à trahir transforme en otages inconscients ceux qui voulaient l'enrayer. Elle dévore et digère ses contradicteurs.

Le domaine réservé a ainsi la peau dure dans la tête des parlementaires, pourtant chargés d'en abattre les murs. Un autre, plus éminent que tous, s'y est à sa manière heurté. Le Premier ministre lui-même.

Le 24 février 2000, pendant son voyage en Israël et en Palestine, au cours d'une conférence de presse à Jérusalem, il déclara : « La France condamne les attaques terroristes du Hezbollah et toutes les actions terroristes unilatérales, où qu'elles se mènent, contre des soldats ou des populations civiles. » Cette phrase, dont ne se formalisera pas Yasser Arafat en l'accueillant au quartier général de l'autorité palestinienne, provoqua une réaction à Paris du président de la République, qui adressa au Premier ministre une lettre, dans laquelle il considérait que la « ligne diplomatique » suivie et exprimée par le Premier ministre n'était « pas conforme » à la politique de la France au Proche-Orient. Le président de la République convoquait dans sa lettre le Premier ministre, comme s'il s'agissait d'un élève en faute. Le lendemain, lorsque son cortège se trouvait à l'université de Bir Zeit, en Palestine près de Ramallah, Lionel Jospin donna devant les étudiants palestiniens une explication didactique et courtoise de ses propos sur le Hezbollah : « Je reste dans ce qui est ma conviction d'homme. On ne peut pas faire de politique sans conviction. Je comprends les passions, mais je m'efforce de les éclairer par la raison. » C'est en sortant de cette université qu'une pluie de pierres s'abattit sur le Premier ministre, protégé par les mallettes en Kevlar de ses gardes du corps avant d'être précipité à l'arrière d'une Mercedes cabossée. Dans l'avion du retour, le 26 février au soir, le président de la République avait fait savoir au

Premier ministre qu'il attendait que celui-ci « prît contact » avec lui dès son retour. Lorsque l'avion se posa à Roissy, l'Élysée avait communiqué aux services du Premier ministre des créneaux horaires permettant d'appeler le président de la République pendant le week-end qui commençait. Lionel Jospin n'obtempéra pas et n'appela pas, à très juste titre. Ce fut Jacques Chirac qui décrocha son téléphone pour lui donner lecture d'un communiqué qu'il s'apprêtait à rendre public, désapprouvant la position du Premier ministre. Le domaine réservé venait de dresser les pointes de sa herse.

Pourtant le Premier ministre, seul responsable devant le Parlement selon l'article 20 de notre Constitution, est chargé de déterminer et de conduire la politique de la Nation. Si Lionel Jospin devait rendre des comptes, il les devait d'abord et seulement aux représentants de la Nation, majorité et opposition comprise, ce qu'il fit la semaine suivante lors des questions d'actualité, pendant lesquelles il s'expliqua avec précision.

Le président de la République, désavoué par les urnes, battu par une dissolution qu'il avait provoquée, chercha son refuge, comme François Mitterrand en son temps, dans des prérogatives qui ne peuvent relever que du contrôle de la représentation nationale. Toute attitude contraire, de quelque président qu'elle vienne, confine à l'usurpation.

Lionel Jospin fit donc bien de ne pas céder à ce genre de convocation. Elle se voulait humiliante. Elle était surtout anticonstitutionnelle.

Car cette notion de domaine réservé n'a aucune base juridique dans les textes constitutionnels. Elle n'est pas davantage une coutume consensuellement admise par chacun puisqu'elle a invariablement été contestée par les oppositions du moment [1]. Accepter de rendre des comptes à un président de la République plutôt qu'au Parlement rassemblé, c'est accepter la dépossession du Parlement au profit d'un président de la République juridiquement irresponsable et échappant à tous les contrôles.

Cette maladie chronique du domaine réservé, qui doit être combattue jusqu'à rémission et complète guérison, renvoie à l'irresponsabilité présidentielle et à toutes ses conséquences pour la démocratie.

1. Roger-Gérard Schwartzenberg, « Domaine réservé et fait du Prince », *Libération*, mardi 29 février 2000.

Irresponsable et coupable

> « Je dis que le premier magistrat doit être responsable. Vous me direz : comment organiser cette responsabilité ? Je vous réponds : je l'ignore. Mais si vous ne l'organisez pas, il y a quelqu'un qui, à des moments terribles, se charge, sans organisation préalable, de l'appliquer. Ce quelqu'un, c'est la Révolution. »
>
> Léon Gambetta, Discours contre l'empereur, 5 avril 1870

Cherchez l'Irresponsable, il se trouve à l'endroit même où nous l'installons tous les sept ans. Et à cela le quinquennat ne changera rien. Nous lui confions la mallette atomique, la clef de la force nucléaire, le pouvoir de décider en toutes choses, comme celui de désigner chaque année 6 000 fonctionnaires, hauts et moins hauts, sans que cet homme ait à rendre le moindre compte de ses actes.

Voilà la folie de la machine dans laquelle nous avons accepté de nous laisser prendre depuis trop d'années.

Le président de la République ne rend jamais compte au Parlement. Cette enceinte lui est d'ailleurs physiquement interdite. Il y envoie une fois par décennie un message, que le président de l'Assemblée nationale lit comme une mauvaise récitation. Le Parlement ne s'essouffle même pas à questionner le président de la République. Il s'adresse à son fondé de pouvoir, le gouvernement, qui répond : « C'est une décision du président de la République ! Nous n'y pouvons rien ! » Irresponsabilité contagieuse du Président, confisquant les prérogatives et receleur de ce que les gouvernements veulent y dissimuler pour échapper à la vigilance parlementaire.

Avez-vous à votre tour essayé d'interroger un président de la République par écrit, en vous adressant directement à lui ? Tentez de le faire, en lui faisant porter une lettre à cette adresse : Palais de l'Élysée, 55, rue du Faubourg Saint-Honoré, Paris 8e. Le président de la République ne répond pas. Il se contente de dire : « J'ai demandé au ministre de répondre à la question que vous me posez. J'ai prié le gouvernement de bien vouloir faire ceci ou cela. » C'est donc bien le président de la République qui décide, mais c'est quelqu'un d'autre qui en répond à sa place.

Il n'existe ainsi aucun corps constitué en mesure d'exercer un contrôle exigeant sur le président de la République. Ne demandez pas aux journalistes qui tremblent comme des feuilles devant la statue présidentielle de poser les bonnes questions en votre nom. D'ailleurs, poser des questions n'a jamais garanti des réponses. Le général de Gaulle nous a légué une Constitution à sa mesure. Peut-être escomptait-il que ses successeurs seraient d'irréprochables saints dont la seule conscience suffirait à limiter les conséquences de leurs actes.

Nous voici donc à porter depuis plus de quarante ans une monstruosité juridique : un irresponsable politique disposant de presque tous les pouvoirs.

Irresponsable, il suffit de l'être politiquement pour le devenir psychologiquement. Il suffit de peu pour que l'invisible barrière soit franchie. Dans la nuit solitaire, tous les hommes font des rêves fous et des cauchemars. Tous les hommes fréquentent les limites de la réalité et ont un jour été au bord de la quitter. Nous ne pouvons donc remettre entre leurs mains la totalité de la destinée nationale. Seulement un peu, et au compte-gouttes. Nous ne devrions accorder confiance, nous républicains fervents, qu'à des institutions qui équilibrent l'exercice des pouvoirs, installent des limites et organisent des contre-pouvoirs, des institutions qui vérifient que la décision est la bonne ou qu'elle n'est pas trop mauvaise, qui contraignent à consulter, à délibérer et à réfléchir autrement qu'en sa conscience, avec ses conseillers et avec ses courtisans.

S'il n'en est rien, un irresponsable politique a toutes les chances de devenir un irresponsable tout court.

Ainsi, qui le président de la République consulta-t-il lorsqu'il décida, seul, en concertation avec lui-même, un mois après son élection, de procéder à la reprise de plusieurs essais nucléaires dans nos îles du Pacifique, en violation des engagements formels et de la parole donnée par la France ? Il n'en pipa pas mot pendant le scrutin, un mois plus tôt. Il ne consulta pas le Parlement. Il n'y eut aucun débat préalable ni d'ailleurs postérieur. Peut-être avait-il consulté son épouse ou sa fille ? Un astrologue peut-être, ou le buste de Clausewitz ? Il prit la décision en secret. Les réactions extraordinairement violentes du monde entier furent à la mesure de l'élaboration secrète et solitaire de la décision de reprendre ces essais. Des mesures de rétorsion furent d'ailleurs prises par de nombreux pays sur le plan économique et industriel. La France fit l'objet d'un sérieux début de boycott, mais le président de la République, dans sa souveraineté absolue, avait décidé seul. Cela suffisait donc.

L'amiral Sanguinetti, connaisseur de ces questions, s'interrogea :

« Pourquoi le Président français a-t-il pris cette décision " impensable " par son prédécesseur ? Trois hypothèses se dessinent, qui touchent à l'argent, à la symbolique et, surtout, à la doctrine. Des commentateurs politiques ont évoqué les dépenses supérieures à ce qu'autorise la loi, effectuées par le RPR au cours de la campagne présidentielle. De là à penser que ce parti ait pu bénéficier de subsides d'une industrie d'armement qui n'est soumise à aucune facturation ni aucun contrôle, politique ou judiciaire, ni de ses prix ni de ses comptes, en vertu du très commode " secret-défense ", la route est courte. Pure supposition certes, mais qui a oublié les liens entretenus par le pouvoir " gaulliste " avec le " complexe militaro-industriel " depuis le début de la Ve République ? La décision du 13 juin ne couvrirait-elle pas un banal " retour d'ascenseur " ? La décision a blessé ou bafoué l'ensemble des autres pays non nucléaires du tiers-monde. Elle relève de l'arrogance plus que de la grandeur [1]. »

Lorsque, quelques semaines après sa décision solitaire, ledit Président fut interrogé, voici ce qu'il répondit : « Je ne pouvais pas faire autrement. Pour faire une série d'essais, il faut une préparation du site en Polynésie française. Cette préparation, qui aurait d'ailleurs été

1. Antoine Sanguinetti, « Ruptures dans la doctrine française de dissuasion », *Le Monde diplomatique*, septembre 1995.

instantanément découverte, exigeait une annonce au moment où je l'ai faite. »

Lorsqu'on l'interrogea sur les répercussions et les conséquences de cette décision, l'intéressé répondit : « L'ampleur des protestations médiatiques est quelque chose de positif, parce que lors de la discussion sur l'interdiction des essais, compte tenu de l'ampleur de la protestation, je ne vois pas comment un pays pourrait sérieusement plaider pour que l'on maintienne les essais en dessous d'un certain niveau, alors qu'il y aura un grand pays, la France, qui aura opté pour le zéro. Nous avons aujourd'hui une grande crédibilité qui nous permettra, j'en suis persuadé, d'imposer finalement ce point de vue à l'ensemble des négociateurs. »

Le président de la République expliquait ainsi étrangement que la violation par la France d'un traité et d'un engagement qui liait notre pays avait pour but final à la fois de respecter ce traité, et d'amener les autres pays à cette position de respect. Il fallait donc violer notre propre parole pour être en mesure de mieux en assurer ultérieurement le respect. Ce sont là des justifications bien pauvres pour une grave décision qui à l'évidence n'avait pas été mesurée dans toutes ses conséquences.

N'importe quel maire d'une commune de 500 habitants, n'importe quel député de n'importe quel parti rendent des comptes. Le Président, enfermé dans la solitude de son irresponsabilité, décide hors de toutes conséquences. Un roi en son conseil, *curia regis*, n'aurait pas commis pareille faute de jugement.

À qui dès lors la population française pouvait-elle demander des comptes ? Au gouvernement qui dut assumer les folles conséquences d'une décision impulsive et mal préparée ? Mais le gouvernement impuissant n'avait fait qu'exécuter les volontés du président de la République. Pouvait-il donc en être comptable ?

Cette distinction, si perverse dans les institutions de notre République, entre celui qui prend la décision sans en assumer la responsabilité, et celui qui exécute les décisions d'un autre, en en assumant toute la responsabilité, est une mécanique destructrice de l'idée même de démocratie : elle sépare les décisions et les choix politiques de l'adhésion de la population. Cette perversion n'existe que dans notre pays, elle est liée à cette alliance inédite entre la concentration des pouvoirs et l'irresponsabilité totale.

Théorème de conclusion : plus grand est le pouvoir, plus grands doivent être le contrôle de celui qui délègue et la responsabilité de celui qui l'assume.

Le président des États-Unis, décrit à tort comme le plus puissant des chefs d'État, est contraint à l'inverse, à raison des grands pouvoirs qu'il concentre entre ses mains, de rendre à chaque instant des comptes, au point que sa liberté d'action paraît souvent celle d'un paralytique. Il ne peut pas mener une opération militaire à l'étranger, une action diplomatique, prendre une décision domestique sur la Sécurité sociale, sur la fiscalité, sur les dépenses publiques, sans avoir à affronter l'opinion des autres pouvoirs : le Sénat, chargé notamment de contrôler la politique étrangère, la Chambre des représentants, qui lui accorde ou lui refuse les crédits qu'il demande, la Cour suprême, qui remet en cause des décisions politiques.

Dans les républiques ou les monarchies constitutionnelles d'Europe de l'Ouest, le pouvoir est toujours assorti de la responsabilité. Ce n'est guère que dans les monarchies de droit divin que nos ancêtres renversèrent, ou dans les autocraties post-soviétiques de l'est de l'Europe, que l'on retrouve une telle irresponsabilité alliée à autant de pouvoir.

Sous la monarchie de droit divin, le roi décidait et, lorsqu'il se trompait, congédiait ses ministres. La population criait : « Si ce n'est donc Louis le responsable, ce ne peut qu'être Necker », et l'on congédiait Necker. « Si ce ne peut être Louis Capet, le mauvais bougre à ses côtés est donc le responsable », et l'on congédiait Calonne, Turgot, avant de rappeler Necker. Puis, dans un vaste tumulte révolutionnaire, on finit par couper la tête à ce roi qui refusait obstinément de partager ses pouvoirs. Les rois d'Europe qui se maintinrent jusqu'à nous à travers leurs descendances portent aujourd'hui des couronnes vides, sans pouvoir ni la plus petite responsabilité. Ce n'est pas le cas de notre Président.

Cette irresponsabilité repose sur de bien curieux moyens, consistant à faire endosser par d'autres les décisions qu'il prend seul. Au nom du Président, le gouvernement agit, contraint par le poids naturel de la souveraineté de son donneur d'ordres. Puis le gouvernement actionne le Parlement, qui porte la responsabilité de décisions que le gouvernement a prises et qu'il ne peut institutionnellement pas contredire.

L'épisode de la réhabilitation des officiers généraux qui avaient rejoint l'OAS et porté les armes contre la République, après avoir préparé et organisé le putsch d'Alger d'avril 1961, est l'illustration violente des trop nombreuses décisions prises dans cette étrange configuration. Le président de la République François Mitterrand demanda à son gouvernement, dirigé alors par Pierre Mauroy, et à son secrétaire d'État aux Rapatriés, de présenter un projet de loi relatif « à la révision des carrières à la suite des événements d'Afrique du Nord », vingt et un ans après le putsch de ces généraux. Les parlementaires socialistes, qui n'avaient nullement pris ce type d'engagement devant les électeurs, se rebellèrent, Pierre Joxe, président du groupe socialiste, en tête. « Dire que des officiers généraux qui avaient porté les armes contre la République, amnistiés au plan pénal, seraient désormais réhabilités politiquement, ce n'était plus de l'amnistie, mais de l'amnésie. » Le groupe des députés socialistes adopta alors un amendement excluant ces officiers généraux du champ de la réhabilitation. Selon un témoin de l'époque [1], François Mitterrand indiqua : « Quand j'ai vu que certains socialistes résistaient, j'ai imposé ma décision. » Le président de la République demanda à son Premier ministre d'engager sa responsabilité selon les termes de l'article 49-3 de la Constitution de 1958 : « Le Premier ministre peut, après délibération en Conseil des ministres, engager la responsabilité du gouvernement devant l'Assemblée nationale sur le vote d'un texte. Dans ce cas, ce texte est considéré comme adopté, sauf si une motion de censure, déposée dans les vingt-quatre heures qui suivent, est votée. » Ce texte permet ainsi au gouvernement d'imposer à sa majorité n'importe quel projet de loi, même celui dont celle-ci ne veut pas, en l'obligeant à choisir entre le renversement du gouvernement et l'adoption du projet de loi. Le texte

1. Rapporté par Pierre Favier et Michel Martin-Roland, *La Décennie Mitterrand,* tome 1 : *Les ruptures (1981-1984)*, Seuil, 1990, p. 540.

fut ainsi adopté sans vote. Voici comment la machine à trahir fonctionne et peut s'emballer pour les besoins politiques et stratégiques d'un président de la République pris dans les songes déments de sa réélection, passion solitaire et maladive des chefs d'État de la Ve.

Mais la première des irresponsabilités est celle exercée – souvent avec talent – dans la nomination, sans contrôle, des titulaires d'emplois de la haute fonction publique, dans les grands services publics, les sociétés nationalisées, les grands corps de l'État et tous les établissements à statut particulier.

Lorsque l'on entend dire qu'un fonctionnaire a été nommé en Conseil des ministres, il faut restituer le véritable sens de cette expression : le président de la République a décidé de nommer ce fonctionnaire par décret soumis à sa signature personnelle. On doit comprendre qu'il n'a pas entendu déléguer ce choix à son Premier ministre.

La Constitution lui a donné une compétence générale pour pourvoir à la totalité des emplois, sans aucune exception. Ce n'est que par délégation que celui-ci peut confier à une autre autorité qui lui est subordonnée la nomination des fonctionnaires qui n'intéresseraient pas sa signature. Il est significatif de constater que, depuis 1958, la délégation de ce pouvoir au Premier ministre n'a jamais été formalisée dans un décret lui permettant de se prévaloir d'une quelconque délégation de ce pouvoir présidentiel. La pratique a consisté à laisser le président de la République décider de la totalité des nominations aux emplois publics. Mieux encore, en 1985, un décret étendait la liste des emplois de direction dans les établissements publics, entreprises publiques et sociétés nationales, pourvus en Conseil des ministres avec la signature du président de la République. Cette liste qui n'a fait l'objet que de quelques suppressions ou additions, au gré des privatisations progressives des sociétés nationales, est étonnante. Elle ressemble à un musée immobile des trophées et prébendes d'un pouvoir absolu conçu jadis.

ÉTABLISSEMENTS OU SOCIÉTÉS	EMPLOIS
Administration générale de l'Assistance publique à Paris	Directeur général Secrétaire général
Aéroport de Paris	Président du conseil d'administration Directeur général
Aérospatiale	Président du conseil d'administration
Agence centrale des organismes d'intervention dans le secteur agricole	Directeur
Agence centrale des organismes de la Sécurité sociale	Directeur
Agence de l'environnement et de la maîtrise de l'énergie	Président du conseil d'administration
Agence française du sang	Président du conseil d'administration
Agence nationale des chèques vacances	Président-directeur général
Agence nationale pour l'emploi	Directeur général
Agence nationale pour l'indemnisation des Français d'outremer	Directeur

Agence nationale pour la valorisation de la recherche	Président du conseil d'administration
Agence du médicament	Président du conseil d'administration Directeur général
Banque française pour le commerce extérieur	Président du conseil d'administration
Banque de France	Le gouverneur et les deux sous-gouverneurs
Bibliothèque nationale de France	Président du conseil d'administration
Bureau de recherches géologiques et minières	Président du conseil d'administration
Caisse des dépôts et consignations	Directeur général
Caisse française de développement	Directeur général
Caisses nationales d'allocations familiales	Directeur
Caisse nationale d'assurance maladie	Directeur
Caisse nationale d'assurance vieillesse	Directeur
Centre de coopération internationale en recherche agronomique pour le développement	Président du conseil d'administration Directeur général
Centre national pour l'aménagement des structures des exploitations agricoles	Président du conseil d'administration
Centre national d'art et de culture Georges-Pompidou	Président

Centre national de la cinématographie	Directeur général
Centre national d'études spatiales	Président du conseil d'administration Directeur général
Centre national de la recherche scientifique	Président du conseil d'administration Directeur général
Centre national de télé-enseignement	Administrateur délégué
Charbonnages de France	Président du conseil d'administration Directeur général
Cité des Sciences et de l'Industrie	Président du conseil d'administration
Comédie-Française	Administrateur général
Commissariat à l'énergie atomique	Administrateur général Haut-commissaire à l'énergie atomique
Compagnie générale maritime et financière	Président du conseil d'administration
Compagnie française de câbles sous-marins et de radio	Président-directeur général
Compagnie des machines Bull	Président-directeur général
Compagnie nationale du Rhône	Président du conseil d'administration
Crédit d'équipement des petites et moyennes entreprises	Président du directoire
Crédit foncier de France Crédit Lyonnais	Gouverneur Président du conseil d'administration

École nationale d'administration	Directeur
École nationale de la magistrature	Directeur
École polytechnique	Président du conseil d'administration Directeur général
Électricité de France	Président du conseil d'administration Directeur général
Entreprise minière et chimique	Président du conseil de surveillance Président du directoire
Entreprise de recherches et d'activités pétrolières	Président du conseil d'administration
Établissement public du Grand Louvre	Président
Établissement public du musée du Louvre	Président choisi parmi les membres des corps des conservateurs généraux du patrimoine ou des conservateurs du patrimoine
Établissement public du parc de La Villette	Président du conseil d'administration
Établissement national des invalides de la marine	Directeur
France Telecom	Président du conseil d'administration
Gaz de France	Président du conseil d'administration Directeur général
GIAT Industries	Président du conseil d'administration

Groupe Air France SA	Président du conseil d'administration
Houillères de bassin du Centre et du Midi	Président du conseil d'administration
Houillères de bassin de Lorraine	Président du conseil d'administration
Imprimerie nationale	Président du conseil d'administration
Institut français de recherche pour l'exploitation de la mer	Président du conseil d'administration
Institut français de recherche scientifique pour le développement en coopération (Orstom)	Président du conseil d'administration
Institut géographique national	Directeur
Institut international d'administration publique	Directeur
Institut national de l'audiovisuel	Directeur général Président du conseil d'administration
Institution nationale des invalides	Directeur
Institut national de la propriété industrielle	Directeur général
Institut national de la recherche agronomique	Directeur général
Institut national de la santé et de la recherche médicale	Directeur général
Météo France	Président du conseil d'administration Directeur général
Office national des anciens combattants et victimes de guerre	Directeur général

Office des migrations internationales	Président du conseil d'administration
Office national de la chasse	Directeur
Office national d'études et de recherches aérospatiales	Directeur
Office national des forêts	Président du conseil d'administration
Office national interprofessionnel des céréales	Président du conseil d'administration Directeur général
Office national interprofessionnel des fruits, légumes et de l'horticulture	Directeur général
Office national interprofessionnel du lait et des produits laitiers	Directeur
Office national interprofessionnel des plantes à parfum aromatiques et médicinales	Directeur
Office national interprofessionnel des viandes, de l'élevage et de l'aviculture	Directeur
Office national interprofessionnel des vins	Directeur
Opéra national de Paris	Président du conseil d'administration Directeur
La Poste	Président du conseil d'administration
Port autonome de Bordeaux	Directeur
Port autonome de Dunkerque	Directeur

Port autonome de la Guadeloupe	Directeur
Port autonome du Havre	Directeur
Port autonome de Nantes-Saint-Nazaire	Directeur
Port autonome de Paris	Directeur
Port autonome de Rouen	Directeur
Régie nationale des usines Renault	Directeur
Société centrale du groupe des assurances générales de France	Directeur
Société centrale du Groupe des assurances nationales	Directeur général Président-directeur général
Société financière de radiodiffusion	Président du conseil d'administration
Société de gestion des participations aéronautiques	Président du conseil d'administration
Société marseillaise de crédit	Président-directeur général
Société nationale des chemins de fer français	Président du conseil d'administration
Société nationale d'étude et de construction de moteurs d'aviation	Président du conseil d'administration
Société nationale d'exploitation des tabacs et allumettes	Président du conseil d'administration Directeur général
Société nationale des participations aéronautiques	Président du conseil d'administration
Société nationale des poudres et explosifs	Président du conseil d'administration

Société Péchiney	Président-directeur général
Société séquanaise de banque	Président du conseil d'administration
Société Thomson SA	Président-directeur général
Société Usinor-Sacilor	Président-directeur général
Union des groupements d'achats publics	Président du conseil d'administration
Voies navigables de France	Directeur

On comprendra mieux ainsi les dérèglements connus dans les entreprises publiques, les dérives vers le népotisme, la constitution d'une petite peuplade républicaine de courtisans agglomérée autour de ce président que la République a fait roi. Il faut comparer le pouvoir de nomination absolue digne de l'ancienne monarchie absolutiste avec le pouvoir surcontrôlé du président des États-Unis en la matière. Le Sénat dispose d'une commission qui exerce le contrôle public sous forme de *hearings*, questionnements publics sur les subordonnés du Président et les chefs de l'administration qu'il entend désigner. Il faut assister à ces séances de questionnement pour mesurer que les sénateurs vont jusque dans les plus petits détails des notices biographiques des impétrants, jusqu'aux arrière-pensées du Président qui prétend les nommer [1]. Le roi républicain place au contraire ses partisans, créatures, affidés, adversaires à anesthésier, dans les charges qui anoblissent ou enrichissent le nouvel obligé. Il restera à chercher éperdu-

1. Georges Stephanopoulos, *Dans l'ombre de Clinton, une éducation politique à la Maison-Blanche*, First Éditions, 1999.

ment comment l'article 1er de notre Déclaration des droits de l'homme y trouve son compte. « Les distinctions sociales ne peuvent être fondées que sur l'utilité connue. » Il resterait encore à faire contrôler ces nominations par le Parlement. L'utilité publique n'en serait que mieux protégée.

Le plus grand symptôme de la maladie absolutiste de notre régime transparaît dans le statut des crédits budgétaires de la présidence de la République. En 1992, 1993, 1994, ces crédits n'ont augmenté que d'environ 2 à 3 % par an, soit 19 millions de francs. En 1995, les dépenses augmentèrent de 53,6 %, soit 29 millions de francs. En 1996, une augmentation supplémentaire de 21,8 %, soit 36 millions. En 1997, une nouvelle augmentation de 32 %, soit 47 millions. En 1998, les dépenses de la présidence de la République passèrent de 47 millions à 85 millions, soit une augmentation d'une année sur l'autre de 77 %. Cette année encore, les dotations demandées par la présidence de la République s'établissent en hausse, près du triple des crédits initiaux de 1997. Quel citoyen a constaté de 1992 à aujourd'hui un changement sensible du rôle et de l'activité du président de la République qui justifie une augmentation fantastique de ses crédits budgétaires ?

C'est en 1998 que le chapitre budgétaire 20-12, intitulé « Secrétariat général. Cabinet. État-major particulier. Services administratifs. Frais de mission et de documentation. Bibliothèque », dut supporter une majoration de crédits de 44 millions de francs par un décret du 19 août 1998 qui ne fut jamais publié au *Journal officiel.* Cette absence totale de contrôle sur les dépenses présidentielles, à la fois par la Cour des comptes et par la représentation nationale qui les vote sans sourciller, fait penser à la liste civile des monarques constitutionnels d'Europe, l'argent de poche des rois.

Car, la cohabitation aidant, la présidence de la République, désœuvrée comme les rois fainéants pouvaient l'être, devrait au contraire s'attacher à justifier l'usage de cet argent public qui lui est confié avec beaucoup trop de déférence obséquieuse. Ces fonds serviraient-ils à payer les vacances du chef de l'État, entretenir on ne sait quels majordomes, ou encore des hommes de main de son parti ? Nul ne sait rien à ce sujet. Rien ne justifie qu'en cinq ans les dépenses puissent tripler, si ce n'est les caprices injustifiables d'un régime devenu contestable.

Il y aurait, nous dit-on, une raison qui légitimerait que le président de la République n'ait pas de comptes à rendre, au propre et au figuré ? Le suffrage universel, sainte huile, action supérieure, essence divine.

Car la question posée à travers ce pouvoir et cette irresponsabilité, tous deux si considérables, est précisément celle de l'élection au suffrage universel du président de la République.

Les grands républicains ont, à juste titre, toujours combattu cette réforme. Pierre Joxe, actuel premier président de la Cour des comptes, plusieurs fois ministre de l'Intérieur, ministre de la Défense, ministre des Transports, président du groupe majoritaire à l'Assemblée nationale, ô combien connaisseur de cette République qu'il fréquenta de l'intérieur, le rappelait dernièrement [1] : « Il faudra passer par l'abandon de la funeste

1. Pierre Joxe, *À propos de la France : Itinéraires I*, Flammarion, 1998.

réforme de 1962 instaurant l'élection du président de la République au suffrage universel : il est dangereux de faire élire quelqu'un directement, avec de grands pouvoirs, rééligible et pour une durée potentiellement illimitée. L'intéressé ne rêve pas à ce qu'il va pouvoir faire pendant son mandat, mais à s'inscrire dans une perspective illimitée. Ce qui rend fou. »

Il est assez alarmant qu'un serviteur de la République ayant acquis autant de poids et d'expérience rappelle dans ces termes les rapports de proximité entre le pouvoir absolu et la folie. Tous les juristes savent avec acuité que la folie constitue le stade suprême de l'irresponsabilité. La démence permet à l'auteur des crimes ou des délits les plus graves d'accéder à l'irresponsabilité pénale. Le dément fait l'objet de toutes les excuses répressives puisque son esprit appartenait à un autre, l'aliénation mentale offrant ainsi toutes les protections contre les foudres de la sanction.

Jacques Chirac, François Mitterrand, Valéry Giscard d'Estaing ou Georges Pompidou ne sont pas des répliques du Docteur Folamour. Mais Pierre Joxe nous avertit toutefois qu'ils pourraient peut-être le devenir. Il suffit d'examiner le désir de chacun de ceux dont les œuvres ne furent pas interrompues par la maladie : la réélection, couronnement suprême de l'action politique et marche haletante vers l'éternité, meilleur moyen de lutter contre la mort. Charles de Gaulle se présenta pour un second mandat et fut réélu. Valéry Giscard d'Estaing se présenta pour un second mandat et fut battu. François Mitterrand se présenta pour un second mandat et fut réélu. Jacques Chirac se représente pour un second mandat même si celui-ci a été écourté. La folie de ces petites grandeurs politiques les aura atteints au prix de contorsions morales, politiciennes, qui à chaque élection rejette imperturbablement sur la grève du suffrage universel des centaines de milliers d'électeurs supplémentaires, ceux, exigeants, qui refusent ces écarts et refusent à juste titre de n'avoir d'autre choix « politique » que d'arbitrer entre des ambitions égoïstes et personnelles.

Il suffit d'observer la montée inexorable du taux d'abstention et du refus grandissant de participer aux scrutins, pour acquérir la conviction que la machine à trahir provoque des dégâts considérables.

Comptez le nombre de reniements, de trahisons, de recherches d'électeurs improbables par ces éternels candidats. Combien de promesses a-t-il fallu piétiner pour faire réélire François Mitterrand ? Combien de mensonges a-t-il fallu à Jacques Chirac pour préparer son élection ? Peut-on croire que ce scrutin présidentiel au suffrage universel organise un véritable débat sur des orientations politiques connues, précises et stables ? Ce grand ébranlement national n'est plus qu'un concours Lépine de belle gueule et de langue de bois. Les républicains du XIXe siècle craignaient comme la peste le plébiscite ; les républicains du XXIe siècle les rejoignent. Et aux raisons de principe inaltérables se sont ajoutées d'impérieuses raisons politiques contemporaines.

Tous ceux qui un jour ont eu l'audace de s'élever contre ce scrutin ont peu à peu abandonné l'idée de le combattre en tant que tel, parce que, nous disait-on, les Français aiment à désigner leur président de la République. Après cinq présidents et sept septennats, les citoyens accepteraient-ils à ce point d'abandonner leur souveraineté, leurs pouvoirs de contrôle et la maîtrise des affaires publiques ?

On me permettra de contredire ces idées toutes faites, trempées dans la sottise, et de revenir sur les conditions exactes dans lesquelles cette réforme est arrivée intacte jusqu'à nous. On en percevra à juste titre l'imposture : les citoyens ne sont pas des « veaux ». Ils peuvent parfaitement défaire ce qu'ils ont fait il y a quarante ans, car ils ne sauraient être prisonniers de leurs choix et de leurs votes, toujours révocables.

S'il fallait résumer la situation de dégradation dans laquelle se trouve la relation des citoyens avec leurs responsables nationaux, on constaterait que la cause première de cette perte de confiance est dans l'extrême concentration de la quasi-totalité des pouvoirs entre les mains d'un seul, placé par les institutions mêmes en position d'irresponsabilité absolue. Entre les mains d'un homme intègre, dont la légende est déjà faite, à une époque où il fallait affronter les putschs, la guerre civile larvée, les attentats contre la République et contre les hommes, les secousses de la décolonisation, la construction d'une arme nucléaire en secret, cela pouvait paraître indispensable. Mais aujourd'hui, il suffit qu'un homme aux pratiques contestables ou malhonnêtes, désirant se faire tailler une statue dans le granit de notre Histoire nationale, arrive à ce poste suprême pour que l'abus soit consommé, sans recours et sans appel.

Les citoyens ont besoin de démocratie et de délibération, et de retrouver le sens du contrat : discuter pour se mettre d'accord, signer et approuver de part et d'autre, reprendre sa confiance en cas de violation de l'accord. À chaque étape de la décision, cette exigence de confiance doit pouvoir être contrôlée par nos concitoyens.

La pensée dominante, aujourd'hui répétée par des perroquets, revient toujours à la même fausse évidence : « Mais où allez-vous donc ! Les Français sont attachés à l'élection de leur président de la République. » Mais qu'en sait-on donc ? Leur a-t-on un jour posé la question autrement que dans des circonstances dramatiques où il était nécessaire de disposer d'un pouvoir fort, concentré, efficace, dans lequel la confiance pouvait être remise. Leur a-t-on surtout proposé autre chose ? Quelque solution différente qui ne leur confisquerait plus le pouvoir ?

La confiance populaire ébranlée dans l'institution présidentielle a conduit à la réforme chimérique, sans queue ni tête, du quinquennat. Les citoyens peuvent donc censurer un peu plus souvent le Président. Soit. Mais cela change-t-il la nature de ses pouvoirs, le risque d'abus de pouvoir ? Cinq fois sept valent bien sept fois cinq. Simplement en trente-cinq ans, on changera plus souvent d'abuseur ! Si l'on ouvre enfin ce débat sur la question de savoir s'il est toujours utile d'élire un président de la République au suffrage universel, il faudra décrire tous les inconvénients de ce système, unique dans les démocraties européennes.

Il en est un qu'il faut avoir le courage de peindre avec précision. Je sais que cela plaira peu que ces choses-là soient dites crûment. Mais chacun de ceux qui s'en émouvront sauront en leur for intérieur que c'est la plus malheureuse des vérités que nous devons avoir le courage de décrire pour mieux la combattre.

Une élection présidentielle au suffrage universel, quel que soit le candidat, fabrique tous les sept ou cinq ans plusieurs centaines de millions d'argent illégal nécessité par le financement massif des coûts de production de la confrontation présidentielle.

Il suffit de se retourner sur le passé douloureux de la gauche pour y retrouver avec tristesse les pratiques illégales de financement occulte. Il faut rappeler que le trésorier du Parti socialiste, Henri Emmanuelli, les quelques élus qui ont participé aux infractions commises pour remplir les caisses de leur parti, les militants comme Gérard Monate, ont porté le fardeau de leurs responsabilités et ont assumé la violation de la loi devant les tribunaux.

Tous ceux-là, qui ont choisi des méthodes illégales de financement, ont payé très cher ces choix collectifs, dix-huit mois d'emprisonnement avec sursis et deux ans de privation de droits civiques pour l'ancien trésorier du Parti socialiste. Mais ils savent aussi qu'ils ont précipité dans l'opprobre la cause qu'ils voulaient servir.

C'est à cette époque que nombre d'entre nous ont eu honte, non pas d'être socialistes, car une si belle cause ne peut que se porter fièrement à la boutonnière, mais honte d'être membre d'un parti qui avait fait le choix de violer la loi républicaine pour financer une cause aussi éternelle. D'ailleurs, certains de nos élus socialistes, nombreux, petits ou grands, ont refusé de participer à ce système et préféré acheter leurs affiches avec leurs économies et leur militantisme. Ils furent déshonorés par ces pratiques illégales. Certains de nos camarades sont partis en colère. D'autres sont restés en se taisant. D'autres encore ont surmonté en serrant les poings la souffrance de ce discrédit.

La machine à trahir produit des effets impitoyables : elle entraîne dans ses dérives ceux-là mêmes qui veulent les affronter. Il n'y a pas d'argent illégal qui deviendrait vertueux parce que au service de la gauche. Et il n'y a pas de candidat de gauche qui ne risque de se prendre dans les fils venimeux de ses pièges. Voilà pourquoi, à gauche, nous ne pouvons avoir de foi que dans des institutions fiables, quel que soit le degré d'honnêteté des hommes qui les occupent.

Il faut regarder rétrospectivement avec lucidité ce que fut l'affaire dite « Urba », nom du bureau d'études monté et conçu par le Parti socialiste pour collecter de quoi payer nos campagnes électorales. On apercevra alors la folie de ce système directement né des besoins de financement occasionnés par la réélection de François Mitterrand à la présidence de la République. En 1988, le trésorier et l'expert-comptable du candidat Mitterrand réélu déclara, conformément aux règles applicables aux comptes de campagne des candidats à l'élection présidentielle, la somme de 99 800 000 francs. Reprenons l'analyse des faits donnés par le policier à l'origine de l'enquête, qui fut d'ailleurs révoqué à tort de la Police nationale, Antoine Gaudino [1], qu'on ne peut soupçonner de complaisance à l'égard de nous autres socialistes. On s'aperçoit alors que le bureau d'études du Parti socialiste avait contribué de façon occulte et illégale à hauteur de 25 millions de francs, en dehors des comptes de campagne déclarés par le candidat Mitterrand. Le système mis en place était simple : en contrepartie des marchés publics obtenus par les entreprises, celles-ci devaient payer des commissions au bureau d'études dirigé par un militant socialiste Gérard Monate. Officiellement, ce trafic d'influence permettait au Parti socialiste de se battre à égalité d'armes dans les compétitions électorales. Il ne disposait pas en effet de

1. Antoine Gaudino, *L'Enquête impossible*, Albin Michel, 1990.

l'argent spontané et affectueux des grandes entreprises françaises qui soutiennent invariablement depuis trente ans la droite conservatrice et libérale. Mais en vérité, cela portait une atteinte insensiblement violente au pacte républicain. Car aucun socialiste ne peut et n'a d'ailleurs pu justifier qu'une loi ne soit appliquée qu'à une certaine catégorie de citoyens, en faisant exception d'eux-mêmes.

Face à l'émergence de poursuites contre des élus, multipliées à juste titre sur le territoire, la seule réponse politique inventée à l'époque consista à voter une loi d'amnistie, le 15 janvier 1990. Elle s'inspirait de la constatation exacte que tous les partis politiques avaient dû financer leur compétition électorale de façon illégale et qu'il était indispensable d'éviter la multiplication par métastases des affaires qui discréditeraient la quasi-totalité des dirigeants politiques. Ce choix fut soutenu par l'opposition, dont une partie approuva le texte pendant qu'une autre s'abstenait.

Pourtant, beaucoup de députés socialistes, qui ne voulaient pas voter cette loi insensée et qui résistaient aux pressions, furent mis à bouillir dans la marmite de la culpabilité. Aujourd'hui encore ils disent leur regret profond d'avoir cédé aux trépidations politiques du gouvernement d'alors. Je sais qu'ils ne céderont pas aux tentatives de recommencer qui proviennent de l'opposition compromise d'aujourd'hui.

Mais cette scandaleuse loi d'amnistie montra la seconde nature de ces élus républicains qui préféraient leur impunité à leur responsabilité, en institutionnalisant le privilège de ne pas être poursuivi pour des infractions commises dans l'exercice de leurs fonctions. Ce choix se révéla désastreux et les électeurs le sanctionnèrent. On n'aperçut guère, dans le scepticisme ambiant, que fut pourtant mis en place de façon concomitante un arsenal d'interdictions destinées à moraliser les campagnes électorales ainsi qu'à assurer leur financement par l'impôt. Les lois de 1990 et de 1995 interdirent les dons en provenance d'entreprises ou de sociétés. Elles plafonnèrent par habitant le montant des dépenses électorales. Des organes de contrôle des comptes de campagne furent institués ainsi que des obligations déclaratives relatives au patrimoine des élus. Des sanctions pénales et électorales telles que l'inéligibilité firent leur apparition en cas de violation des plafonds de financement électoraux.

Ces règles semblent avoir amené certains partis politiques – pas tous – à la modération financière, à la sobriété des campagnes et au respect scrupuleux de la loi. Tel fut le cas de ceux touchés par la foudre répressive, rescapés des grandes brûlures judiciaires des années 1990. Tel fut le cas de mon parti, le Parti socialiste. À l'élection présidentielle de 1995, le candidat Lionel Jospin dépensa 88 millions de francs, alors que le plafond fixé par la loi lui permettait de dépenser jusqu'à 120 millions de francs. Sept ans plus tôt, le candidat François Mitterrand en avait dépensé presque 40 de plus. De manière plus générale, les élections des députés coûtent peu aujourd'hui, elles font l'objet d'un contrôle tatillon et ont conduit à de nombreuses sanctions d'inéligibilité contre ceux qui croyaient pouvoir violer les textes. Ma propre campagne électorale a coûté 279 640 francs. J'ai reçu 88 800 francs de dons en provenance de plusieurs dizaines de personnes physiques. J'ai emprunté à une banque 160 000 francs, que le financement public des campagnes électorales m'a permis de rembourser après le scrutin. Le Parti socialiste, mon parti, m'a versé 2 000 francs sur la totalité du coût de la campagne. Mon adversaire a déposé un recours devant la commission chargée de vérifier les comptes de campagne qui furent validés [1]. Pendant l'instruction sur mes comptes de campagne, le rapporteur de la commission de contrôle procéda à une évaluation au centime près de chacune des prestations qui avaient été facturées, affiches, journal de campagne, présentation de la candidature, coût des envois postaux. Chacun des chèques en provenance des personnes physiques qui m'avaient fait l'amitié de contribuer à mon élection fut vérifié. Aucune possibilité de fraude n'est possible dans ce système. Voilà donc de quoi apaiser nos concitoyens.

Pourtant les pratiques illégales n'ont pas évolué dans les partis qui ont jusqu'à présent encore échappé aux condamnations. L'exorcisme judiciaire, l'expiation répressive a joué son rôle dans les partis traumatisés par la sanction pénale. Il n'en est rien des autres qui se sont faufilés entre les gouttes de la pluie répressive. Elles se sont même effrontément poursuivies après 1990 dans le parti de l'actuel président de la République. Son élection au suffrage universel, comme les précédentes, a provoqué de considérables besoins de financement, et a fonctionné comme un aspirateur d'argent illégal.

Les premiers dévoilements du système de financement illégal du Rassemblement pour la république sont apparus dès 1994, soit un an avant l'élection de son chef, Jacques Chirac, à la présidence de la République.

1. Ce compte de campagne est intégralement publié sur le site Internet www.montebourg.com.

La « possession » de la Ville de Paris, son budget de 33 milliards de francs, ses 40 000 fonctionnaires, sont une mine d'or pour les financiers occultes du parti du Président. L'Office public d'aménagement et de construction, l'OPAC, comme il en existe dans tous les départements, était présidé par l'un des fidèles du maire de Paris, Jean Tibéri, depuis 1977. L'OPAC de Paris gère un parc de 90 000 logements, soit l'équivalent d'une ville de 250 000 habitants. Chaque année 1 400 000 000 de francs de marchés publics sont lancés par l'Office.

Une information judiciaire fut ouverte un an avant l'élection présidentielle de 1995, à la suite de contrôles fiscaux sur certaines des entreprises qui avaient participé à des travaux financés par l'OPAC de la Ville de Paris. Elle fut confiée au juge d'instruction de Créteil, Eric Halphen. À l'issue de plusieurs années de recoupements, perquisitions, mandats de dépôt, mises en examen pour trafic d'influence de très nombreux fonctionnaires de l'Office HLM et de chefs d'entreprise qui avaient répondu aux appels d'offres de l'Office, du directeur général de l'Office et du président du conseil d'administration Jean Tibéri, soit près de quatre-vingt-dix mises en examen, le juge d'instruction faisait la démonstration du trucage de la quasi-totalité des marchés passés par l'Office. Ces malversations à grande échelle avaient donné lieu, en contrepartie de négociations occultes avec les entreprises choisies, à des versements prouvés de 38 millions de francs de commissions occultes entre 1990 et 1994. Le magistrat instructeur était, par ailleurs, parvenu à démontrer que l'inventeur de ce système de trucage des marchés, Jean-Claude Méry, membre du comité central du RPR, était allé à plusieurs reprises ouvrir des comptes en Suisse. Un employé de la banque suisse avait témoigné auprès du juge, lui indiquant sur procès-verbal que l'intéressé avait déclaré le jour de l'ouverture des comptes : « Je fais du financement politique pour le RPR. » L'enquête n'avait échoué qu'en un seul point : on n'avait pu découvrir l'usage fait par le RPR de l'argent en espèces que venaient retirer à dates fixes plusieurs inconnus – non identifiés par l'enquête – au guichet de la banque suisse, quelques mois avant l'élection présidentielle de Jacques Chirac.

La mort de Jean-Claude Méry en 1999 sembla signer la fin de cette enquête à rebondissements multiples. La publication par *Le Monde* en septembre 2000 de son témoignage posthume filmé sur une cassette vidéo a permis d'avancer dans la démonstration et dans la preuve de ce qui était pressenti ou ressenti par tous ceux qui avaient été mêlés à l'enquête. Ces malversations avaient été décidées par le maire de Paris lui-même afin de lutter contre la « misère financière » de son parti et de payer son élection au suffrage universel quelques mois plus tard.

Le testament vidéo de Jean-Claude Méry coïncide en tout point avec les éléments déjà prouvés de l'enquête. « On me rappelle (...) qu'il y a de gros besoins, qu'on est dans l'opposition, qu'il nous faut absolument parvenir à quelque chose pour les prochaines campagnes qui vont arriver, et on me demande de faire mon maximum pour trouver une organisation capable de tirer des bénéfices. Je vous le dis tout de suite, on va passer de 300 000 francs par an, à plus de 35 à 40 millions de francs, en liquide, en direct, ou en emplois privés, tous les ans, pendant plus de sept ans sous ma coupe. »

40 millions de francs en liquide par an, cela revient à accumuler sur dix ans, au détriment du respect de la loi républicaine et des contribuables de la Ville de Paris, la somme de 400 millions de francs, soit l'équivalent de quatre campagnes présidentielles : deux officielles, à 120 millions de francs plafonnés par la loi, et deux plus officieuses. Ces campagnes furent celles de 1988 et 1995.

S'agissant d'un seul des marchés truqués, celui des ascenseurs, consistant à installer 3 092 cabines d'ascenseur dans les immeubles HLM parisiens, marchés attribués en 1992, soit trois ans avant la campagne présidentielle, Jean-Claude Méry détaillait dans sa confession posthume le système de corruption : « Pour être sûre d'avoir le marché, une entreprise va étudier le dossier, investir à votre place, vous OPAC, vous organisme social ou vous organisme d'État géré et l'organisme va se contenter de payer un loyer annuel de gestion de fonctionnement. C'est ça ce qu'on appelle un marché d'entreprise. (...) Elle va porter sur 3 500 ascenseurs, plus d'un bon millier à construire. Ça va représenter un budget annuel de plus de 140 millions de francs sur 12 ans. (...) Les sommes d'argent en retour sont faramineuses. J'avais versé plus de 8 millions de francs en liquide en moins d'un an à certains organismes en Suisse qui sont, je dirai, soit des fondations, soit des organismes d'encaissement. [Une entreprise] qui brutalement, peut-être parce qu'elle a des ennuis, des soucis, se refuse à payer ce qu'elle doit, soit 21 millions de francs. Est-ce qu'ils ont passé des accords avec M. Chirac (...) ? Là, je n'en sais plus rien, je vous le dis très honnêtement, mais en tout cas, cette somme a été rajoutée sur le budget initial pour être payée directement au RPR à la suite de mes négociations. (...) Je vais partir du principe que je le fais pour le compte de Jacques Chirac. Pas pour la poche personnelle de Jacques Chirac, je tiens tout de suite à ce que ce soit clair, mais c'est parce que, comme c'est l'OPAC de la Ville de Paris, c'est uniquement aux ordres de M. Chirac que nous travaillons, et le tout est généralement reversé à Mme Casetta, pour le RPR. Je vais parler de Jacques Chirac. Je dirais que (...) en direct, j'ai versé, bon an, mal an, un peu plus de cinq ou six millions en liquide, directement à Paris et quasiment la même chose en Suisse. Il faudra rajouter un nombre impressionnant d'élus, divers et variés, de droite ou de gauche, embauchés dans une série d'entreprises, de gros œuvre ou de second œuvre, leur assurant un salaire et faisant que ces gens-là ou leurs épouses pouvaient travailler pour le RPR sans autre souci. Je ne vous parle pas de toutes les secrétaires que j'ai pu faire embaucher à gauche ou à droite. Je ne vous parle pas du président d'une association d'étudiants, je ne vous parle de cer tains policiers ou de leurs épouses. Ça chiffre très fort, parce que à chaque fois des salaires de 10 000 à des salaires de 20 000 francs, plus charges sociales, multipliés par 10 ou par 15, vous voyez ce que nous atteignons tous les ans [1]. »

Tous les citoyens honnêtes qui paient leurs impôts scrupuleusement, respectent les lois de leur pays, continuent de se rendre aux urnes, peuvent légitimement se demander si le suffrage universel n'est pas, devant des faits aussi crûment décrits, la plus extraordinaire des supercheries. Car l'élection au suffrage universel de leur Président n'est plus l'œuvre des électeurs. Elle n'est plus

1. *Le Monde*, samedi 23 septembre 2000.

cette addition démocratique de millions d'expressions individuelles qui construisent le choix final.

Cette élection est devenue la possession occulte des entreprises qui payent et achètent la campagne du candidat victorieux. Voici le Président, que l'on croyait élu, devenu le jouet des entreprises corruptrices qui payent en secret et disposent de moyens de chantage inégalés sur le sommet de l'État.

Pourra-t-on éviter d'avaler son amertume en regardant avec précision les décisions prises par l'État en faveur de ses grandes entreprises et de leurs actionnaires depuis vingt ans ? Le doute s'est installé sur la sincérité des décisions publiques au plus haut niveau. Car les campagnes électorales se remboursent derrière le paravent à un prix élevé que nul ne connaît avec précision.

Regardez comment une fripouille comme Méry, maître chanteur posthume, canaille parmi les canailles, tient la République entre ses doigts. Il fait chanceler le régime, pourri jusqu'à la corde. Qui croire des deux ? Le mort vivant vidéofilmé ? Ou le Président menteur, enroué, perdu ? Nous savons bien, tous, quelle est la vérité insupportable de cette République perdue, suspendue à une vidéo.

Louis-Auguste Blanqui, sur une table de bistrot à Paris, en 1848, avait déjà lancé : « Tromperies, malversations, immoralité partout et toujours. Aussi les crédulités, les patiences sont à bout ; il ne reste plus que des appétits surexcités, des misères dévorantes, des consciences mortes. C'est une dissolution générale ; bientôt le chaos. Sans une réforme radicale, la société va sombrer. » C'est lui qui a aujourd'hui raison.

Je me souviens être un jour allé à la rencontre d'une manifestation de paysans en lutte face à des marchés mondialisés qui écrasent leurs revenus comme ceux d'autres catégories sociales. L'un d'entre eux, apprenant ma qualité de député, vint vers moi et me dit : « Les centrales d'achat qui nous écrasent sont entre les mains de la grande distribution qui paye les campagnes électorales de vos partis politiques. Nous ne pouvons plus croire en vous, et en ce que vous nous dites. »

Le peuple ne gouverne donc plus ou ne peut plus y croire. Le voici possédé par ceux qui secrètement achètent ses suffrages. L'argent a pris le pouvoir. Les républicains des origines peuvent pleurer, leur œuvre en cendres a rejoint leurs tombeaux piétinés. Je suis inconsolable sur ce sujet de misère et de désespoir. Mais il faut se ressaisir et rebâtir froidement ce qui a été détruit et piétiné. C'est là le devoir de notre génération malheureuse. Redressons-nous donc un instant et résumons le problème.

À quoi cela sert-il donc d'élire un président de la République au suffrage universel, disposant de pouvoirs concentrés et incontrôlables, sous irresponsabilité politique scandaleuse, organisant l'éloignement des dirigeants politiques à l'égard des aspirations profondes du pays, si de surcroît ce scrutin est la première cause de corruption généralisée dans notre pays ?

Car chacun a bien compris que c'est par la maîtrise politique des collectivités locales, soit directement par le candidat à l'élection présidentielle comme pour la mairie de Paris, soit par le truchement d'un réseau partisan de municipalités acquises, comme dans le système Urba, que le trafic d'influence a pu s'exercer sur une échelle aussi généralisée et effrayante.

Cette mise à l'encan par pièces détachées de la puissance publique trouve son explication dans le coût financier, politique et moral d'un scrutin dont la dangerosité apparaît aujourd'hui de façon éclatante. Car personne ne fera croire qu'il est nécessaire aujourd'hui que nous ayons un chef plébiscité. Que nous ayons un dirigeant politique suprême, cela va de soi, comme toutes les démocraties européennes ont un Premier ministre désigné par une majorité parlementaire, elle-même issue de multiples duels organisés dans toutes les circonscriptions d'un territoire national. Pourquoi faudrait-il, en sus des 577 élections législatives, organiser une élection nationale qui coûte tant à la Nation et atteint si profondément sa force morale ?

Ceux qui se souviennent des débuts de la Ve République n'auront peut-être pas oublié de quelle façon le président de la République était initialement désigné, élu au scrutin indirect par un vaste collège de grands électeurs parmi lesquels députés et sénateurs. Ce mode de scrutin était celui de la IIIe République, celui de la République fédérale allemande, et celui de la République italienne. Ce qui serait bon pour un Allemand ou un Italien, ne le serait-il pas pour un Français ? Il est vrai que le poids politique d'un président de la République élu dans ces conditions ne serait plus le même. Il aurait moins de pouvoir, à la hauteur de son irresponsabilité. Et ceux qui aujourd'hui endossent les responsabilités, comme le Premier ministre, auraient enfin beaucoup plus de pouvoir : pouvoir de nommer, pouvoir de diriger la diplomatie, pouvoir de diriger la guerre, pouvoir de tout décider en toute matière, mais sous le contrôle heureux et vivant des représentants de la Nation rassemblés.

C'est cette réforme majeure qu'il faut audacieusement entreprendre. Qu'elle heurte les préjugés importe peu. Car chacun comprend bien que l'élection au suffrage universel du président de la République n'est plus qu'une apparence de démocratie dans cette République en ruine, transformée en vaste brigandage.

Au travail, jeunes gens, nous savons désormais ce qui nous reste à faire.

Un Président en enfer

> « Tâchons d'entrer dans la mort les yeux ouverts. »
>
> Marguerite Yourcenar, *Mémoires d'Hadrien*

« Il finira comme Helmut Kohl », lâcha dit-on l'ex-président Giscard d'Estaing au sujet de Jacques Chirac. On pourrait ajouter « l'œuvre en moins ». Cette prémonition s'appuie sur des faits, rien que des faits. Il faut donc s'y tenir.

Le 25 mars 1999, le commandant de police Yannick Gueltas, de la division nationale des investigations financières, remettait un rapport de synthèse au juge d'instruction du tribunal de Nanterre, Patrick Desmure, faisant l'inventaire des emplois fictifs au profit du RPR entre 1990 et 1998. Le rapport fait état de salariés payés par la Ville de Paris qui travaillaient pour le parti du Président, aux frais des caisses publiques. Il fait également l'inventaire des entreprises privées fournisseurs de la Ville, ayant à ce titre obtenu de celle-ci des marchés publics, et mis en contrepartie à disposition du RPR des salariés à leurs frais. Le coût total de ces emplois fictifs est évalué par les policiers à une trentaine de millions de francs. Au total, la mairie de Paris a versé aux permanents du RPR la somme de 12 675 188 francs nets, auxquels il faut ajouter le coût des charges sociales assumé par les contribuables. La conclusion du rapport de police est nette. Grâce à « l'usage répréhensible » de ces emplois fictifs, le RPR a bénéficié « de ressources occultes substantielles au cours d'une période qui s'inscrit tant antérieurement que postérieurement aux dispositions légales relatives à la transparence et à la clarification du financement des partis politiques ». Le rapport ajoute : « De tels agissements ne procèdent pas d'initiatives imputables exclusivement à l'encadrement intermédiaire du mouvement politique considéré, mais témoignent du fonctionnement d'un système délictueux opéré avec l'aval de ses instances dirigeantes. »

À ces détournements de fonds publics, il faut ajouter les éléments de trafic d'influence avec les sociétés privées fournisseurs de la Ville de Paris, qui ont pris en charge de façon illégale et occulte une partie du fonctionnement du RPR.

Si la conviction des policiers était faite quant à l'implication du président du RPR, Jacques Chirac, dans l'organisation de ce système illégal – ce qu'a plus tard confirmé le testament posthume de Jean-Claude Méry –, le juge d'instruction allait acquérir la preuve formelle et irréfutable de l'implication directe et personnelle de Jacques Chirac dans ce système, à une époque antérieure de quelques mois à son élection à la présidence de la République. Au cours de l'une des perquisitions effectuées par le juge d'instruction dans les archives de l'Hôtel de Ville de Paris, une lettre est saisie, datée du 16 décembre 1993, signée de Jacques Chirac sur son papier à en-tête de maire de Paris. Extraordinaire pièce à conviction montrant la connaissance approfondie que Jacques Chirac avait du système de prise en charge par les contribuables du financement illégal et occulte de son parti. Celui-ci demandait, en tant que maire, qu'une salariée de la Ville de Paris fasse l'objet d'une promotion, en raison « du dévouement exemplaire dans les fonctions délicates qui lui avaient été confiées depuis plus de neuf années, auprès de M. Pasty, député européen et conseiller spécial pour l'agriculture du président du RPR ».

Le président du RPR visé par le maire de Paris, Jacques Chirac, n'était autre que Jacques Chirac.

À cette enquête qui mettait en évidence le coût d'une première série importante d'emplois fictifs au profit du RPR, s'ajoutait une autre, ouverte au Palais de justice de Paris, après qu'un ancien directeur du personnel de la Ville de Paris eut déclaré que la mairie de Paris avait compté jusqu'à 300 employés fictifs pour un coût annuel estimé à environ 100 millions de francs. Ces déclarations font l'objet de patientes et minutieuses vérifications de la part de la police judiciaire.

À ces preuves accumulées par les enquêtes se sont ajoutés les aveux posthumes de Jean-Claude Méry évoquant « un nombre impressionnant d'élus divers et variés » embauchés « dans une série d'entreprises de gros œuvre ou de second œuvre, leur assurant un salaire ou faisant que ces gens-là ou leurs épouses pouvaient travailler pour le RPR sans autre souci ».

Ces emplois fictifs ne sont pas seulement une violation de la loi sur le financement des partis politiques. Il s'agit en vérité d'infractions pénales graves qui mettent les dirigeants politiques entre les mains de puissances financières capables d'acheter le train de vie de partis politiques. Voici la maladie chronique et perverse du système politique français : un emploi fictif évite l'inconfort du marché du travail pour les professionnels de la politique qui ont décidé d'en vivre. C'est une assurance contre le chômage pour tous ceux qui ne sont pas fonctionnaires, qui ont perdu leur mandat, ont eu à faire face à l'échec électoral en attendant de reconquérir le pouvoir. Les postes ainsi recherchés « sont davantage des bases de repli que l'occasion d'un nouveau départ professionnel. De là naît la dimension fictive de l'emploi occupé dès lors qu'il ne s'agit pas d'exercer un nouveau métier mais de poursuivre une activité militante ou partisane en connivence avec la structure qui a bien voulu vous accueillir pour services rendus ou service à rendre [1]. »

Plutôt que de dire, comme Philippe Seguin, « qu'un emploi fictif dès lors qu'il a servi à financer une activité publique n'a rien de scandaleux, d'ailleurs, aujourd'hui même si vous mettez en prison tous ceux qui distribuent des emplois fictifs ou qui en bénéficient, ce sera une véritable hécatombe », il vaudrait mieux dire que les responsables politiques, leur entourage, devront un jour apprendre qu'il existe bel et bien un marché de l'emploi, certes inconfortable et risqué, mais où il est possible de se reconvertir après un échec électoral sans risquer d'enfreindre la loi. Cela permettra ainsi au personnel politique de se renouveler plus rapidement et d'amener les battus du suffrage universel à changer de perspective, professionnelle et personnelle.

1. David Abiker, « L'emploi fictif, privilège de caste ? », *Libération*, 10 novembre 1999.

La totalité des hauts dignitaires du RPR placés à la tête de ce parti au moment des élections présidentielles de 1995 est aujourd'hui poursuivie et mise en examen. Tel est le cas du secrétaire général du RPR de l'époque, Alain Juppé, mis en examen pour prise illégale d'intérêt, recel d'abus de biens sociaux, ainsi que des trois trésoriers successifs du RPR, Robert Galley Jacques Oudin et Jacques Boyon. Pourtant, l'organisateur en chef de ce vaste système illégal, premier receleur de ces infractions graves – celles par lesquelles son élection fut acquise au sommet de l'État– , ex-président du RPR, actuel président de la République, n'est toujours pas poursuivi par la justice pénale.

C'est là le signe du dérèglement généralisé de nos institutions républicaines. Voici pourquoi et comment.

Le 22 janvier 1999, le Conseil constitutionnel se réunissait sous la présidence de Roland Dumas, ancien ministre des Affaires étrangères de François Mitterrand, lui-même poursuivi et mis en examen dans les affaires relatives aux malversations touchant Elf-Aquitaine. Les découvertes judiciaires s'étaient succédé sur son compte, révélant chez l'intéressé une vénalité assez originale. Les juges d'instruction chargés de l'affaire Elf mirent en évidence plusieurs centaines de milliers de francs en espèces arrivant sur son compte bancaire parisien sans explication crédible. Embrouillé dans les multiples versions de ses défenses successives [1], le président du Conseil constitutionnel dut reconnaître à tout le moins la fraude fiscale sur grande échelle, pour justifier la circulation d'un tel argent liquide à l'origine douteuse.

1. Hervé Gattegno, *L'Affaire Dumas*, Stock, 1998.

À la fin de cette année 1998, la république avait pris un curieux visage. Le président de l'institution chargée de faire respecter par le Parlement souverain les limites de la Constitution, et censurant les textes votés par lui au nom de la Nation, reconnaissait précisément avoir violé la loi. Chacun s'entortillait dans les nœuds de ses contradictions. La droite parlementaire invoquait la présomption d'innocence, mot creux pour ceux qui veulent protéger leurs amis. On chercha en vain à connaître l'opinion scandalisée des autres membres du Conseil constitutionnel, qui regardaient leurs souliers pendant les délibérations. La gauche se taisait, car les jospinistes ne voulaient pas donner l'impression de s'acharner sur les à-côtés du cadavre de l'ancien Président défunt. J'en ai eu assez de cette hypocrisie languide. Il fallait trancher ce nœud de silence et libérer les esprits. J'ai relu cette philippique rédigée la mort dans l'âme au mois de novembre 1998. Je n'en retirerai pas aujourd'hui un seul mot. Albert Cohen écrivait que « les mots, ça console et ça venge [1] ». Je fus consolé, d'autres – les citoyens abandonnés dans leur civisme par leur classe dirigeante –, peut-être discrètement vengés.

« Ce silence de monolithe, il faudra bien le secouer. Les responsables politiques se taisent tous comme des tombes et rasent les murs de leur conscience. À droite, on se tait en célébrant le présumé innocent, jusqu'au plus haut niveau de l'État. À l'exception d'un académicien du *Figaro* et d'un ancien président de la République, on parle d'autre chose. À gauche, c'est le silence ; un silence heureusement hypocrite, ponctué dans les

1. Albert Cohen, *Le Livre de ma mère*, Œuvres complètes, La Pléiade, 1993.

couloirs de l'Assemblée nationale de soupirs trempés dans la tristesse, mais d'abord le silence. C'est pourtant de ce côté-là qu'aurait dû venir la colère.

« Car les chefs de la gauche seraient avisés d'éviter d'abandonner à eux-mêmes les citoyens qui portent seuls le fardeau de la désapprobation.

« Pour quelle raison, en effet, les responsables politiques que nous sommes ne pourraient-ils pas avoir une âme et une conscience, pour juger, dans leurs propres termes, sur le terrain politique et non pas judiciaire, le comportement du président du Conseil constitutionnel ? Nous sommes même spécialement commis et élus pour avoir une opinion sur tous les sujets et en toutes circonstances devant les électeurs. Conserver le silence plus longtemps sur cette affaire accréditerait dans l'esprit public l'idée que la solidarité autoprotectrice de la classe politique serait plus forte et plus solide que celle des représentants de la Nation à l'égard des souffrances et du désarroi de nos concitoyens.

« Il est vrai que Roland Dumas a droit au doute, en raison des services exceptionnels qu'il a rendus à la Nation. Il a aussi droit à notre amitié en raison des combats extraordinaires qu'il a menés comme avocat, courageusement engagé dans le précipice de la guerre d'Algérie, ou discrètement actif dans l'imbroglio tordu des affaires successives et répétitives de la droite au pouvoir pendant vingt-cinq ans.

« Mais nous avons quitté la zone du doute. Et les hommes de gauche sentent remonter à la surface les souvenirs désagréables des mauvaises fréquentations de certains des leurs, de l'argent en espèces qui circule, de l'influence qui s'achète ou se vend, de la légèreté de certains avec l'exigence fiscale et des comptes à numéros dans les paradis fiscaux.

« Ils se souviennent avoir dû être solidaires avec des actes qui ont brisé leurs projets et anéanti jusqu'au plus profond de leurs forces physiques et morales.

« Les hommes de gauche doivent désormais parler.

« Ils n'auront pas à juger la culpabilité ou l'innocence judiciaire du président du Conseil constitutionnel qui répond aux seuls critères de la loi : les juges ont là le monopole de l'appréciation. Ils n'auront pas davantage à apprécier sur le terrain moral : en matière de bien ou de mal, personne ne détient la vérité. Ils devront finalement juger et se déterminer sur le terrain politique, en fonction des valeurs qu'ils y défendent face à leurs adversaires.

« La mise en examen ne doit pas conduire à la démission des fonctions publiques. Ce serait aggraver l'atteinte à la présomption d'innocence, et ouvrir les portes de l'institution judiciaire aux sycophantes et à on ne sait quels dénonciateurs de champs de foire.

« La démission des fonctions, acte de haute responsabilité, renvoie à autre chose qu'une décision de poursuites judiciaires, mais à la beauté morale d'un choix politique se référant aux valeurs qu'on s'est donné à défendre dans sa propre action politique. Pierre Mendès France a, il y a longtemps déjà, donné à réfléchir sur le sens de ce beau geste à de nombreuses générations de combattants politiques.

« Quel sens prendrait notre combat d'hommes de gauche lorsque nous soutenons la lutte contre la fraude fiscale des hauts revenus non issus du travail salarié; quel sens prennent nos déclarations d'intention lorsque nous réclamons le démantèlement immédiat des paradis fiscaux et lorsque nous exigeons de nos partenaires européens la signature de conventions permettant d'aiguiser les moyens de lutte contre le blanchiment de l'argent sale ?

« Le député que je suis pourrait-il être favorable à ces exigences, pourrait-il être cru sur parole sans avoir dit un seul mot à l'égard du président du Conseil constitutionnel, à la fois garant de la constitutionnalité des lois et impliqué dans la noirceur de ces curieuses révélations ?

« J'entends venir le rugissement de ceux qui m'accuseront d'avoir fait injure à l'amitié que je dois à l'un des miens et à mon camp. Mais l'amitié est exigeante. Elle prend sa force et son sens dans la défense d'une cause commune. C'est au nom de cette cause que nous nous devons solidarité mutuelle. Si l'amitié est au contraire complaisante et admet de tels écarts individuels, à l'aune des valeurs politiques que nous défendons ensemble, la politique devient une affaire de clans.

« “ On n'a le droit de faire sa fortune qu'en faisant son devoir ”, écrivait l'avocat de génie Roland Dumas en 1969. Quelles seraient aujourd'hui la teneur et la consistance de ce devoir d'homme de gauche ? Se maintenir à tout prix, comme la bernique colle au rocher, indifférente aux paquets de mer ? Ou quitter les hautes fonctions dans lesquelles son indéfectible solidarité l'a mené ?

« Toute l'histoire du mouvement ouvrier et de la gauche française pose et repose sans cesse la question du pouvoir. Faut-il l'exercer jusqu'au bout et à tout prix, jusqu'à détruire le projet qui avait motivé sa conquête ?

Ou faut-il le quitter à temps, avant que les valeurs, les idées, les forces qui l'ont porté s'en trouvent meurtries ? Léon Blum, Jean Jaurès avant lui, Pierre Mendès France après lui, François Mitterrand, ont chacun donné des réponses divergentes.

« Telle est la faiblesse congénitale de la gauche : s'infliger à elle-même dans l'exercice du pouvoir une critique impitoyable. C'est sa faiblesse, mais c'est surtout sa force dans la part qu'elle a prise depuis sa naissance dans les combats pour la transformation de la société française.

« Pour que les idées que nous nous efforçons de traduire en actes ne perdent ni de leur intensité ni de leur force, pour qu'elles ne subissent pas les objections venimeuses tirées de ces circonstances judiciaires et cornéliennes, je crois, en conscience, que si Roland Dumas est toujours socialiste, il lui faudra avoir la sagesse de se retirer. »

Bien sûr qu'il ne se retira pas. Il se cramponna pendant plus d'un an encore. Pour tenir, en machiavélien qu'il préférait être, il eut grandement besoin du soutien public des plus hautes institutions de l'État.

Au mois de mars de la même année, le président de la République avait reçu le président du Conseil constitutionnel au palais de l'Élysée. Le 14 juillet suivant, un communiqué avait été rendu public par la présidence de la République : « Le président de la République considère que le président du Conseil constitutionnel comme tout citoyen a droit à la présomption d'innocence, y compris dans le cas d'une mise en examen qui ne vaut pas condamnation. » La droite parlementaire, dont la haine et la hargne savent d'habitude s'exercer avec une coutumière violence, garda un silence courtois. Les petits signes de soutien réguliers s'affichaient sur les écrans de l'Agence France-Presse, reprenant dans ses dépêches les déclarations apaisantes de mes collègues députés de l'opposition.

Ce vendredi 22 janvier 1999, le Conseil constitutionnel examina la conformité à la Constitution d'une loi ratifiant un traité signé par notre gouvernement, rendant justiciable devant une cour pénale internationale en cas de crimes de guerre et de crimes contre l'humanité tout un chacun, « sans aucune distinction fondée sur la qualité officielle ». Ce traité n'était donc pas compatible avec la Constitution puisque celle-ci prévoit une protection particulière pour les membres du gouvernement, ministres, secrétaires d'État, Premier ministre et président de la République, pour les actes pris dans l'exercice de leurs fonctions. Les premiers relevant de la Cour de justice de la République ; le dernier de la Haute Cour de justice. Ce sont là des juridictions particulières composées de députés et de sénateurs, composition contestée et contestable, car elle donne l'impression d'une justice corporatiste et protectrice des intérêts de dirigeants politiques refusant de se soumettre aux tribunaux ordinaires.

Pourtant, il ne s'agit nullement de l'organisation dans ces textes d'une quelconque immunité. Il ne s'agit, en vérité, que d'un privilège de juridiction : le ministre ou le président de la République est soustrait aux tribunaux courants mais reste responsable pénalement selon des règles particulières de mise en mouvement de la répression pénale. L'article 68 de la Constitution rend ainsi le président de la République responsable des actes accomplis dans l'exercice de ses fonctions en cas de haute trahison.

Mais s'agissant des actes commis en dehors de ses fonctions, la Constitution est muette. Le président de la République ne peut donc être jugé en qualité de président de la République mais au contraire comme simple citoyen, devant les tribunaux ordinaires. C'est d'ailleurs la thèse que la garde des Sceaux, Élisabeth Guigou, défendit à juste titre, le 17 mai 1998, au micro d'une station radiophonique : « Pour le président de la République, l'article 68 de la Constitution dit qu'il est irresponsable pour les actes qui relèvent de sa fonction de Président. Mais comme tous les Français, le président de la République peut être traduit devant les tribunaux s'il a commis des délits. »

En effet, la Constitution protège l'exercice des fonctions mais ne protège pas l'individu déviant qui pourrait siéger au palais de l'Élysée. Pour le comprendre, il faudrait supposer qu'un président de la République puisse un jour commettre un acte criminel des plus graves, un viol ou un meurtre. Il ne relève à l'évidence pas de ses fonctions de violer ou de tuer. Telle est la raison pour laquelle la Constitution n'a pas entendu protéger de tels actes. Telle est l'interprétation tombant sous le sens que chacun des citoyens français pourra faire de l'esprit de nos institutions.

Ce 22 janvier, le Conseil constitutionnel tenta d'une façon sournoise et déloyale d'étendre la protection du président de la République. Il prit prétexte de la décision qu'il devait rendre sur le traité international relatif à la Cour pénale internationale pour dire que le président de la République bénéficiait d'une « immunité pour les actes accomplis dans l'exercice de ses fonctions et hors le cas de haute trahison ».

Cette apparition soudaine d'une immunité est pour tous les juristes dignes de ce nom hautement suspecte. En somme, le Conseil constitutionnel transforma le plomb en or, en faisant passer un simple privilège d'être jugé autrement en irresponsabilité pénale totale, apanage royal plutôt que principe républicain.

Le Conseil constitutionnel ne s'arrêta pas là dans son travail de manipulation intellectuelle des textes. Il ajouta, sans que la question lui fût explicitement posée par ce dont il avait à délibérer, que « pendant la durée de ses fonctions, sa responsabilité pénale ne peut être mise en cause que devant la Haute Cour de justice ». Cette phrase, qui ajouta à la lettre ainsi qu'à l'esprit de la Constitution, cherchait à étendre la protection du président de la République en restreignant sa responsabilité pénale à la saisine par les députés ou les sénateurs de la Haute Cour de justice pendant la durée de ses fonctions.

Cette phrase n'est pourtant pas claire. Car on peut et on doit l'interpréter conformément à l'esprit du texte constitutionnel qui n'a jamais entendu faire du président de la République un roi abusif, mais seulement protéger l'exercice de ses fonctions et rien d'autre. La Constitution n'est pas faite pour permettre à des délinquants de s'installer au sommet de l'État pour y trouver un refuge commode.

C'est d'ailleurs ce que rappelèrent de nombreux professeurs de droit qui expliquèrent qu'à un Président irresponsable doit et ne peut que correspondre un individu toujours responsable.

Plusieurs journalistes enquêtèrent sur les conditions d'apparition de cette petite phrase. Voici ce qu'écrivait l'enquêteur du journal *Le Monde*, Thierry Bréhier[1] : « La question, manifestement, a été minutieusement préparée durant les travaux préparatoires à sa séance de vendredi. Lorsque les neuf conseillers ont reçu leurs dossiers, la petite phrase litigieuse figurait dans le projet de décision préparé par le rapporteur. En présidant la discussion, Roland Dumas a fait le nécessaire pour que le débat porte sur ce qui la précédait et sur ce qui la suivait, sans que cette incise soit débattue ni même soumise à un vote particulier. »

Ce journaliste a justement traduit ce qui s'est passé. Par une sorte de forfaiture, la phrase n'a été ni délibérée ni approuvée par le Conseil. Et nous en avons davantage que la certitude. J'en ai eu le récit par des témoins indirects de cette scène restée secrète.

Hautement suspecte, gravement litigieuse puisque non approuvée par un vote, cette petite phrase recèle des dessous frelatés.

L'affaiblissement si grave et si lourd du président d'une institution aussi prestigieuse que le Conseil constitutionnel, en raison de son implication manifeste dans les affaires de corruption, la nécessité dans laquelle il se trouvait d'obtenir le soutien des autres piliers de nos institutions comme le président de la République, ont jeté le soupçon sur cette pseudo-décision.

La petite phrase litigieuse est-elle la créature, le fruit d'un échange de services entre deux présidents en difficulté judiciaire ? Jacques Chirac a en effet soutenu publiquement le président du Conseil constitutionnel, alors pourtant que le président de la République est précisément chargé par la Constitution de

1. Thierry Bréhier, *Le Monde*, mardi 26 janvier 1999.

garantir le bon fonctionnement des institutions. Où se trouve donc le bon fonctionnement d'une institution comme le Conseil constitutionnel dont le président est mis en examen ?

La contrepartie ne s'est pas fait attendre longtemps. La petite phrase litigieuse, incidente, qu'on ne fit pas débattre, surgie du silence des délibérations de la rue Montpensier, ressemblait à un service rendu à ce président de la République assiégé par les enquêtes judiciaires.

Chateaubriand avait vu passer un jour, sous l'Empire qu'il exécrait, deux de ses puissants serviteurs, Talleyrand et Fouché. Il eut cette phrase si belle et si juste : « Je vis le vice appuyé au bras du crime. » Entre Chirac et Dumas, on ressent tout comme l'écrivain, on aperçoit la force du bras de l'un qui porte l'autre, des délits commis par l'un qui aident à la protection contre les conséquences des délits commis par l'autre.

Le temps est loin où l'avocat Roland Dumas écrivait de sa plume si belle et légère : « On ne peut, au nom de la raison d'État, interdire au pouvoir judiciaire de faire son devoir ; quelles que soient les personnes en cause, rois, ministres, grandes vedettes, on n'a pas le droit d'étouffer une affaire. Si l'on fait obstacle au cours de la justice sous prétexte que les gens en cause sont plus intéressants que la victime, c'est la négation de toute égalité devant la loi [1]. »

Ces reniements ne sont qu'une preuve de plus des conditions dans lesquelles les deux présidents, président de la République et président du Conseil constitution-

1. Roland Dumas, *Les Avocats*, Grasset, 1977.

nel, se sont soutenus pour ne tomber ni l'un ni l'autre dans le précipice.

Leur pacte de soutien mutuel et secret était né bien auparavant, en 1995, au moment de la validation des comptes de campagne du candidat Chirac par le Conseil constitutionnel, statuant comme juge électoral de la campagne présidentielle.

La loi du 20 janvier 1995 a, en effet, plafonné les dépenses électorales à 120 millions de francs pour chacun des candidats présents au second tour.

Le 18 juillet 1995, le candidat Chirac déposait un compte de campagne faisant apparaître un total de dépenses de 116 624 893 francs [1]. Le Conseil constitutionnel est chargé par la loi de vérifier que les comptes de campagne que lui transmettent tous les candidats correspondent à la réalité de leurs recettes et de leurs dépenses effectives, et que celles-ci ont bien été effectuées en respectant les dispositions législatives interdisant les dons des personnes morales et notamment des sociétés, de manière à garantir l'indépendance des candidats à l'égard de la puissance financière des sociétés privées.

Le Conseil constitutionnel peut ainsi réévaluer les coûts indiqués s'ils ne lui paraissent pas conformes au prix du marché, même si certaines prestations sont fournies gratuitement par des amis du candidat. En cas d'infraction à ces règles élémentaires et minimales, le Conseil constitutionnel ne dispose pas du pouvoir, comme en cas d'élections législatives, d'annuler le scrutin, ni de déclarer inéligible le candidat fautif. Le candidat qui serait pris en défaut perdrait le bénéfice des

1. *Journal officiel*, 18 juillet 1995, p. 10714.

remboursements forfaitaires équivalant à 25 % du montant total plafonné des dépenses de campagne. Par ailleurs, le Conseil constitutionnel est tenu d'imposer au candidat fautif le versement au Trésor public d'une somme égale au montant du dépassement constaté.

Le Conseil constitutionnel fit observer que le candidat Chirac avait omis de prendre en compte le coût de location des salles pour les réunions publiques tenues en présence du candidat ou de personnalités chargées de le soutenir, omis le montant des loyers correspondant aux permanences des fédérations départementales du RPR utilisées pour les besoins de la campagne, omis certaines dépenses engagées outre-mer. Enfin, s'agissant de la publication d'un ouvrage intitulé *La France pour tous*, titre du livre, mais également thème de la campagne, le Conseil constitutionnel relevait que le candidat Chirac n'avait pas intégré les dépenses engagées en vue de sa promotion.

C'est ainsi que le Conseil constitutionnel évalua les dépenses supplémentaires non inscrites dans le compte de campagne du candidat Chirac à la somme de 3 334 295 francs. Cela ajouté aux dépenses déclarées, le candidat présentait ainsi un compte de campagne validé par le Conseil constitutionnel s'établissant à la somme de 119 959 188 francs, soit 40 812 francs – 40 petits milliers de francs – en dessous du plafond autorisé de 120 millions de francs [1]. Pour éviter au candidat Chirac d'avoir à acquitter une amende pour violation du plafond de

1. *Journal officiel*, 12 octobre 1995, p. 14842, décision du Conseil constitutionnel relative aux comptes de campagne de M. Jacques Chirac candidat à l'élection présidentielle du 23 avril et du 7 mai 1995.

campagne, et afin de lui permettre de bénéficier du remboursement sur fonds publics de la somme de 43 200 000 francs dont il aurait été privé s'il avait dépassé le plafond de campagne, le Conseil constitutionnel avait commis là sa première forfaiture, avec délicatesse. Nous savons aujourd'hui à quel point les fonctionnaires qui ont travaillé sur ces comptes de campagnes manipulés ont été ulcérés par cette douce et secrète forfaiture du Conseil constitutionnel.

Un journaliste eut l'insolence de dire qu'il avait été « bon prince », ajoutant ce commentaire : « En calculant au plus juste, les membres du Conseil se sont évités une décision très lourde politiquement, un conflit délicat avec le nouveau pouvoir pour leur institution. Il restera au Conseil constitutionnel sous l'autorité de son nouveau président, Roland Dumas, à confirmer l'indépendance que l'institution a acquise au fil des ans [1]. »

Le Conseil constitutionnel pourrait aujourd'hui revoir sa copie au regard des emplois fictifs qu'il n'avait pas su ou voulu voir et détecter en son temps, qui ont servi au financement illégal de la campagne du candidat Chirac. La quarantaine d'employés payés par les contribuables de la Ville de Paris ou par des entreprises privées, en violation lourdement flagrante des dispositions relatives à la campagne présidentielle, devait amener le Conseil constitutionnel à appliquer l'amende au candidat Chirac, amende à laquelle il a complaisamment su le soustraire.

Il devrait par ailleurs être aujourd'hui réclamé au candidat Chirac le montant des 43 200 000 francs versés par les contribuables au titre du financement public des

1. Thierry Bréhier, *Le Monde*, 14 octobre 1995.

campagnes électorales, afin de réparer les conséquences du service amical rendu par le Conseil constitutionnel au président de la République.

Chacun comprend la force de ce fluide habile qui a circulé entre les deux présidents depuis le pacte de 1995. L'immunité devait en 1999 bloquer les enquêtes révélant la profondeur des violations de la loi électorale que le Conseil constitutionnel, aveugle volontaire, avait justement pour mission de sanctionner. Ne restera-t-il aux citoyens démoralisés et aux contribuables dépossédés que les larmes de la colère, signe de faiblesse et d'impuissance ?

Il ne peut en être question.

Au tribunal de Nanterre, le juge Patrick Desmure, chargé d'enquêter sur les emplois fictifs, rendit au mois d'avril 1999 une ordonnance éloquente : « Il semble résulter des éléments recueillis au cours de la présente information que plusieurs dizaines de personnes ayant travaillé pour le Rassemblement pour la république (RPR) étaient rémunérées en fait par des entreprises privées pour la Ville de Paris alors que M. Jacques Chirac était maire de cette ville et président du RPR. Attendu que le nombre de personnes concernées, au regard de l'effectif déclaré des salariés du RPR, les fonctions que certaines d'entre elles exerçaient dans l'entourage immédiat du secrétaire général (Alain Juppé) ou du président de ce parti (Jacques Chirac), ainsi que les documents saisis, dont certains semblent signés ou annotés de la main de M. Chirac, font peser à l'encontre de ces derniers en l'état du dossier des indices au sens de l'article 105 du Code de procédure pénale d'avoir participé aux faits de prise illégale d'intérêt et de recel d'abus de biens sociaux. » Le magistrat citait l'intégralité de l'article 68 de la Constitution ainsi que l'interprétation donnée par la décision du Conseil constitutionnel, le 22 janvier 1999. Il se déclarait « incompétent », pour instruire sur les faits susceptibles d'être imputés à M. Jacques Chirac [1]. La manœuvre concertée des deux présidents venait d'aboutir.

Des contribuables de la Ville de Paris, plaignants dans cette affaire contre les malversations du RPR, firent appel de cette décision devant la cour d'appel de Versailles. Le 13 janvier 2000, la cour d'appel prit une position différente. Elle indiqua que le juge restait compétent pour instruire sur les infractions commises par le président de la République. Mais elle considéra qu'il était impossible pendant la durée du mandat du président de la République d'exercer le moindre acte de poursuite contre lui, notamment par une mise en examen. Cet arrêt fixait une règle impraticable : vous pouvez instruire mais surtout ne pouvez pas poursuivre. Il demandait une clarification urgente. Comment pourrait-on instruire en délimitant la culpabilité du président de la République, si on ne peut pas l'interroger comme témoin, si on ne peut pas pratiquer des expertises graphologiques pour vérifier qu'il est bien le signataire des documents, corps du délit ? Jusqu'à quand peut-on enquêter, et à partir de quand passe-t-on à l'acte de poursuite ? Telle est la raison pour laquelle il fut demandé au procureur général placé auprès de la Cour de cassation de saisir à son tour la plus haute juridiction afin que celle-ci dise une fois pour toutes le droit : le président de la

1. Cité par Armelle Thoraval, *Libération* des 17 et 18 avril 1999.

République relève-t-il, lorsqu'il a commis un délit en dehors de ses fonctions, de la Haute Cour de justice que seuls les députés ou les sénateurs peuvent saisir, ou relève-t-il des tribunaux ordinaires comme vous et moi ?

Le lecteur attentif à ce cheminement progressif de la procédure doit savoir qu'en matière judiciaire il est interdit à un juge de refuser de juger, ou de ne pas prononcer de jugement. Cela s'appellerait un déni de justice. Si un juge considère qu'il n'est pas compétent, il a le devoir, non seulement d'indiquer quel est le juge qui devra juger à sa place, mais également de faire diligence pour que les parties, plaignants et défenseurs, puissent sans délai saisir le juge ou tribunal qui sera chargé du litige.

Le premier déni de justice vient d'être commis dans ce dossier qu'obstinément la haute hiérarchie judiciaire s'acharne à bloquer. Voici précisément comment.

Un court détour biographique sera nécessaire pour comprendre les raisons de ce ralentissement opportun et subit. Ces blocages et ces moyens dilatoires ont pour objectif d'empêcher la justice d'aller à son but et de permettre aux contribuables de la Ville de Paris d'exercer et d'obtenir réparation à l'égard de l'ancien maire de Paris.

Le procureur général placé près la Cour de cassation n'est autre que M. Jean-François Burgelin. Il est assez difficile de voir en ce dernier un juge. Il serait plutôt un militant politique utilisant ses fonctions à des fins partisanes. Il faut d'abord rappeler qu'il fut directeur du cabinet d'Albin Chalandon, ministre de la Justice du gouvernement Chirac de 1986. Il en sera récompensé par sa nomination en qualité de procureur général près la cour d'appel de Paris, en 1994, par le garde des Sceaux conservateur, Pierre Méhaignerie. Son engagement politique est beaucoup plus ancien puisque M. Burgelin avait déjà été directeur de cabinet d'un secrétaire d'État giscardien en 1976. Il avait déjà été récompensé en 1977 des services rendus par une nomination à un poste très réservé à des fidèles du pouvoir exécutif : secrétaire du Conseil supérieur de la magistrature, chargé de faire et de défaire les carrières de ses collègues, au bon vouloir du gouvernement.

Il faut également regarder de près son comportement dans des affaires qui mettaient en difficulté plusieurs ministres de gouvernements conservateurs. Lorsque le juge d'instruction Eric Halphen, enquêtant sur les marchés truqués de l'OPAC de la Ville de Paris, fit l'objet d'une tentative de déstabilisation à travers son beau-père le Dr Maréchal, qui avait promis contre un million de francs en petites coupures d'arrêter l'enquête déviant vers les HLM des Hauts-de-Seine, le zélé procureur général près la cour d'appel de Paris, sous le gouvernement Balladur en 1994, s'était immédiatement prononcé en faveur du dessaisissement du juge, prêtant ainsi main-forte à la déstabilisation de son jeune collègue, plutôt que d'aider à la manifestation de la vérité judiciaire.

Lorsque l'association des contribuables parisiens parvint à convaincre le procureur de Paris que le délit commis par le Premier ministre Alain Juppé était constitué, Jean-François Burgelin laissa échapper publiquement ce lapsus : « Si par malheur le délit était constitué. » Parlait-il ainsi de « son » Premier ministre ? Ce zèle ridicule et grossier à rendre des services au pouvoir, y compris le plus abusif, lui valut d'être nommé par Jacques Toubon – garde des Sceaux du gouvernement mourant d'Alain Juppé, en 1996 – quelques mois avant la dissolution, au sommet de la hiérarchie du parquet, à ce poste si stratégique et si utile du parquet général près la Cour de cassation.

Ce qui fit dire à un professeur de droit au sujet de M. Burgelin : « Le ministre de la Justice, Jacques Toubon, affirme qu'il ne donne pas d'instruction de non-poursuivre dans les affaires individuelles. Mais il s'agit d'une version pieuse pour enfants sages ! Il y a en effet mille et une façons de faire savoir à mi-voix ce que souhaite un gouvernement. Prenez le récent discours de M. Burgelin : en s'interrogeant sur la notion d'abus de biens sociaux et en recommandant la prudence en matière de lutte anticorruption, il répond en fait directement aux préoccupations de son maître [1]. »

M. Burgelin n'a qu'un maître. Ce n'est pas sa robe de magistrat ni sa conscience de juge, mais plutôt sa carrière qu'il doit entièrement au parti qu'il a fidèlement servi pendant tant d'années. Il n'est donc plus depuis longtemps un procureur, mais un valet de pied, les chaussures dans la boue des petits chemins tortueux du carriérisme.

On comprend beaucoup mieux les raisons politiques du refus par ce magistrat de saisir la Cour de cassation. Il s'agit encore une fois, ultime, de rendre service, de gagner du temps, d'éviter la clarification rapide des compétences, de faire en sorte qu'on évite une mise en cause claire des agissements de l'ancien maire de Paris devant soit un tribunal, soit la Haute Cour de justice.

1. Yves Mény, *Le Monde* du 15 janvier 1996.

Curieusement, le procureur de la haute juridiction donne son avis. Personne ne le lui avait demandé. « Je pense que l'arrêt de la cour d'appel de Versailles n'est pas juridiquement fondé et le juge d'instruction est incompétent pour connaître d'éventuelles charges qui pourraient exister à l'encontre du président de la République et dont l'appréciation relèverait alors exclusivement du Parlement. » Voici que le procureur se fait juge du siège au lieu et place de ses collègues de la Cour de cassation. Que nous importe d'ailleurs son avis !

Dans cet aimable désordre entretenu par une haute hiérarchie judiciaire servile, rien n'empêchera un autre juge, ayant une interprétation divergente de celle du premier juge de Nanterre, l'un de ces autres juges chargés de l'une de ces innombrables enquêtes sur la mairie de Paris, enquêtant sur les agissements de l'ex-président du RPR et ancien maire de Paris, de considérer sa compétence pleine et entière.

Le juge y fera l'interprétation juste en droit, conforme à l'esprit de nos principes républicains, que le président de la République, pour les actes commis en dehors de ses fonctions comme maire de Paris, est justiciable des tribunaux ordinaires comme tout autre citoyen ordinaire.

Ce juge aura raison. Il aura justement pensé que les institutions républicaines ne sont pas faites pour protéger un délinquant. Elles sont conçues pour protéger des fonctions présidentielles, non un individu qui, ayant commis des crimes et des délits, cherche refuge dans le sanctuaire présidentiel des plus hautes fonctions. Jamais même l'illustre et contesté fondateur des institutions n'aurait pu concevoir un tel dévoiement de son œuvre.

Voilà pourquoi ce juge, qui aura ce courage, devra être soutenu par la population, car il rendra justice aux victimes des malversations dont ce président se sera rendu gravement coupable.

Ces victimes sont bien sûr, en premier lieu, les contribuables parisiens, qu'on a sans vergogne plumés comme de la volaille. Mais la plus grande de ces victimes est la morale publique – l'intérêt général et l'esprit républicain que ce juge aura le devoir de protéger.

Le président de la République ne pourra que s'exécuter devant la convocation d'un juge, car il aura le devoir de s'expliquer comme tout un chacun. Il appartiendra à chacun d'entre nous, partout où nous sommes, dans l'exercice de nos fonctions, de nos compétences, que l'on soit jardinier, député, plombier-zingueur, informaticien ou Premier ministre, de soutenir ce juge qui ne fera que son devoir.

Il est certain que la haute hiérarchie judiciaire cherchera à contrecarrer une telle entreprise. Nous connaissons le curriculum vitae de M. Burgelin, procureur général près la Cour de cassation, ses états de service militants auprès des proches amis de l'actuel président de la République.

On ne connaît pas encore assez celui qui exerce, en dessous du précédent, les fonctions de procureur général auprès de la cour d'appel de Paris, Alexandre Benmakhlouf. Il fut le directeur de cabinet de Jacques Toubon, et conseiller juridique auprès de Jacques Chirac à la mairie de Paris, entre 1990 et 1991, dates que concernent les révélations posthumes du financier du RPR. Ce procureur général est ainsi directement intéressé au non-aboutissement de ce dossier dans lequel on pourrait lui découvrir un rôle. Il multipliera les initiatives pour empêcher les juges d'aboutir.

Voilà pourquoi les députés de la Nation, quelle que soit leur appartenance politique, s'ils appartiennent à cette Nation éprise de justice dans son cœur, devront se préparer, en cas de blocage du juge naturel pour la répression d'aussi graves délits, à mettre en accusation le président de la République.

La loi organique qui régit la procédure de mise en accusation dispose qu'il est nécessaire qu'un dixième des députés seulement signent une proposition de résolution de mise en accusation devant la Haute Cour de justice du président de la République.

Cette proposition, cosignée par 58 députés, est de droit inscrite à l'ordre du jour de l'Assemblée nationale. Nul ne pourrait dès lors s'opposer à sa discussion.

Ils la signeront, d'une main tremblante, l'âme affolée, mais ils la signeront, parce qu'ils préféreront toujours la République égalitaire, plutôt que celle de l'injustice.

Cinquante-huit députés auront pris conscience de la nécessité de ne pas laisser impunis d'aussi graves crimes, car c'est un crime pour un président de la République que de rechercher dans les institutions refuge pour des infractions qu'il a commises pour se faire élire, c'est même une forfaiture irréparable. Voilà pourquoi nous déclencherons cette procédure inédite.

Il restera alors à graver pour l'Histoire sur une pierre marbrée – comme pour ceux qui refusèrent de voter les accords de Munich – les noms de ces parlementaires qui auront sauvé l'honneur d'une Nation flétrie. Ils pourront s'appuyer avantageusement sur les déclarations du Mis en cause qui indiqua le 14 juillet 2000 au sujet des fraudes électorales à Paris : « La justice est saisie, qu'elle fasse son travail. Vous savez, il peut y avoir des fautes. La faute est humaine. Mais, dans une démocratie, la faute est inacceptable surtout quand elle vient des responsables élus. Et donc, elle doit être sanctionnée très fortement. »

Car il y a – sachez-le une fois pour toutes – dans cette assemblée des hommes et des femmes consciencieux, soucieux de défendre la morale publique avant de défendre des intérêts politiques. Il y a dans cette belle assemblée qu'on conspue à tort des hommes et des femmes qui ont un esprit élevé et qui préféreront défendre des principes plutôt que d'autres considérations plus vulgaires. Ils défendront l'égalité de tous devant la loi et l'obligation pour chacun de répondre de ses actes, qui que l'on soit, quel que soit son statut ou sa position.

Ces 58 députés donneront de la force morale à nos concitoyens qui observeront leurs représentants se rassembler autour des principes et pour les principes. Ces députés auraient bien sûr préféré que la justice ordinaire fît son travail. C'eût été un déroulement plus serein et naturel.

Mais la corruption de ce régime, touché jusqu'à sa moelle épinière depuis le président de la République en passant par le Conseil constitutionnel et les plus hauts procureurs généraux, aura eu raison de cette préférence.

Ils se résigneront à rendre justice comme le leur prescrit et commande le texte sacré de la Constitution, pour ne pas laisser le peuple croire qu'il est possible dans ce pays d'échapper aux rigueurs de la loi, si dure pour ceux contre qui elle est faite, et trop souvent douce pour ceux qui ont prétendu la faire.

Les groupes parlementaires se diviseront. Non plus entre la droite et la gauche mais entre ceux d'un côté qui défendront dans leur dernière fatigue un ultime privilège, celui d'être irresponsable de ses actes, et de l'autre ceux qui, refusant ces privilèges, défendront l'égalité de tous devant la loi.

Le jour du vote solennel à l'Assemblée nationale où les huissiers à chaîne tiendront l'urne solennelle, dans laquelle chaque parlementaire de ses doigts vibrants déposera un bulletin pour ou contre la mise en accusation, se rejouera une nouvelle fois la mort du Roi.

D'un côté, le clan conservateur, défenseur du statu quo, préférant la forfaiture à l'évolution des choses. Ils seront les nouveaux royalistes.

De l'autre, ceux qui, même dans le parti du Président, car il y en aura, auront choisi dans ce chaos morbide d'être passionnément républicains, épris de sa divine formule égalitaire. Nous trouverons à gauche des royalistes, malheureusement. Et nous trouverons à droite de nouveaux républicains. Peut-être rencontrerons-nous ce jour-là un Philippe Égalité qui d'une voix, la sienne, enverra le régime et son pire attribut aux enfers.

La mise en accusation une fois votée avec courage et haut mérite, le président de la Haute Cour de justice qui jugera Jacques Chirac ne dira pas « Accusé levez-vous », il dira : « Le prévenu veut-il bien se lever ? »

Et sur le chaos désolé d'institutions mortes, une nouvelle génération de citoyens, devenus à notre place députés, bâtira enfin cette nouvelle République dans laquelle nous aurons voulu passionnément vivre.

Épilogue

> « Il ne me reste qu'à m'asseoir sur les débris d'un naufrage que j'ai tant de fois prédit. Je reconnais au malheur toutes les sortes de puissances, exceptée celle de me délier de mes serments de fidélité. »
>
> François-René de Chateaubriand, 1830

Voici progressivement se dessiner le visage d'une autre république. Dessin d'enfant trempé dans les couleurs de la naïveté ? Architecture idéaliste redessinée comme une Babylone qu'on ne construira jamais ? Ni l'un ni l'autre.

Des choses simples, à portée de main, que quelques bons gestes de volonté suffiraient à mettre en œuvre : mandat unique pour les parlementaires, élection au suffrage universel dans chaque département des procureurs de la République, suppression des conseils généraux, instauration des référendums d'initiative citoyenne à usage local, création d'une procédure de reddition des comptes devant les citoyens, élection au suffrage universel des représentants de pays ou d'agglomération, rétablissement de l'interpellation des ministres, abrogation de l'ordonnance organique relative aux lois de finances, abandon du privilège de juridiction au profit du président de la République, contrôle par le Parlement des nominations aux hautes fonctions publiques et aux grands emplois publics, fin de l'élection du président de la République au suffrage universel.

La tâche paraît ample. Elle est en vérité modeste, au regard de ce que nous aurions pu ou dû déjà faire. Nous sommes allés, en trois années depuis 1997, voter quatre textes au Congrès à Versailles, réformant la Constitution (instauration de la parité femmes-hommes, révisions constitutionnelles préalables à la ratification du traité européen d'Amsterdam et au traité relatif la cour pénale internationale, à l'évolution du statut de la Nouvelle-Calédonie). Un référendum a de surcroît été organisé sans aucun succès sur le quinquennat. Voilà cinq occasions perdues de réformer la Constitution.

Peut-être auraient-elles pu suffire à créer cette République véritable, s'il n'était cette cohabitation paralysante et stérile.

Cette République reste à faire. Que les citoyens nous rejoignent pour nous aider à vaincre ces résistances d'acier qu'il faudra faire plier.

Engagez-vous à nos côtés pour nous donner de la force et du cœur à ce difficile ouvrage.

Nous accoucherons dans toute la douleur nécessaire d'une République qui peut-être donnera aux citoyens le désir confiant d'adresser à nouveau, dans l'émoi mystique des origines, des offrandes à ceux qui la font vivre.

Ce serait un curieux et extraordinaire recommencement.

Remerciements

Mes remerciements affectueux vont à ceux qui m'encouragèrent et m'aidèrent à débuter, à écrire et achever ce petit livre : Vincent Peillon, Lucile Schmid, Stephen Bensimon, Sylvie Guittard, Juliette Clavière et Manon Gallet. Qu'ils trouvent ici la marque de ma plus vive et heureuse reconnaissance.

Table

La machine à trahir 9
Un devoir d'inventaire........................... 11
Ce « coup d'État de tous les jours » 17
La République retrouvée 23
Contrôle parlementaire : mission impossible..... 29
La justice des castes et des clans............... 61
La dictature des élus locaux.................... 105
Le gouvernement des autistes 133
Domaine réservé : obligation d'entrer 155
Irresponsable et coupable 185
Un Président en enfer 221
Épilogue 249

Cet ouvrage a été réalisé par

FIRMIN DIDOT

GROUPE CPI

Mesnil-sur-l'Estrée

pour le compte des Éditions Denoël
en novembre 2000

Imprimé en France
Dépôt légal : novembre 2000
N° d'édition : 99152 - N° d'impression : 53404